PRONTIDÃO PARA MUDANÇA

Uma conquista pessoal

Edição e distribuição:

Caixa Postal 1820 – CEP 13360-000 – Capivari-SP
Fone/fax: (19) 3491-7000 / 3491-5603
E-mail: atendimento@editoraeme.com.br
Site: www.editoraeme.com.br

Solicite nosso catálogo completo com mais de 400 títulos.

Não encontrando os livros da EME na livraria de sua preferência, solicite o endereço de nosso distribuidor mais próximo de você através do fone/fax ou e-mail acima.

José Lázaro Boberg

PRONTIDÃO PARA MUDANÇA

Uma conquista pessoal

Capivari-SP
— 2004 —

Prontidão para mudança... Uma conquista pessoal
José Lázaro Boberg

2ª edição – agosto/2006 – Do 5.001 ao 7.000 exemplares

Capa e Diagramação:
André Stenico

Revisão gramatical e doutrinária:
Profº Celso Martins

 *Ficha Catalográfica* ──────────

Boberg, José Lázaro.
Prontidão para mudança... Uma conquista pessoal, José Lázaro Boberg, (1ª edição, julho/2004), 2ª edição, agosto/2006 – Editora EME, Capivari/SP.
188 p.
1 – Auto-Ajuda – Mensagens Auto-conhecimento
2 – Reforma Íntima – Espiritismo

CDD 133.9

Agradecimentos

A Deus – força presente em todos os seres – pelo seu despertar em nossa intimidade.

Aos orientadores espirituais pela inspiração das idéias nos textos produzidos.

Aos meus pais, – hoje no mundo espiritual – que, pelo exemplo de dignidade e respeito, marcaram, indelevelmente, a minha existência atual.

Aos meus companheiros das Casas Espíritas: João Batista, Nosso Lar e Ana Marossi, pelo carinho, amizade e incentivo, abastecendo-nos sempre de energias positivas.

Ao primo Oscar Boberg pelo trabalho na formatação.

A todos que, nos relacionamentos no dia-a-dia em nossas tarefas diárias, possibilitam-nos aprendizagem constante com a prática dos ensinamentos espíritas.

O Autor

Sumário

PREFÁCIO 9

INTRODUÇÃO 13

1. A FORÇA DO HÁBITO 19
2. MUDANDO HÁBITOS NEGATIVOS 23
    2.1. Fumar: apague esse fogo! 29
    2.2. Reclamar... antipatia à vista! 33
    2.3. Hábito do palavrão 38
    2.4. Apego excessivo 43
    2.5. Prejulgamentos 48
    2.6. Aguardar solução, sem ação 53
3. CONSUMINDO PENSAMENTOS ALHEIOS 58
4. O INSTINTO DA POSSE 64
5. APRENDIZES AUSENTES DO DEVER 67
6. SOB O DOMÍNIO DA IGNORÂNCIA 72
7. ROTINA CONSTRUTIVA 75
    7.1. Fazer o bem sempre 79

7.2. Exame de consciência 83

7.3. Oração - renovação de ânimo 87

7.4. Perseverança 94

7.5. Estudo sério e contínuo 99

8. CONSTRUINDO NOVOS HÁBITOS 106

9. CRISTO: O MARCO DA RENOVAÇÃO 112

10. NOVOS PADRÕES DA MODA MORAL 117

11. PRATICANDO O PERDÃO 123

12. FRATERNIDADE LEGÍTIMA 128

13. AS BEM-AVENTURANÇAS ETERNAS:
"A constituição espiritual do reino de Deus" 134

    13.1. As bem-aventuranças por Emmanuel 139

    13.2. Classificação das bem-aventuranças 143

    13.3. Bem-aventuranças à humanidade em geral ... 146

    13.4. Bem-aventurança aos discípulos 149

14. CULTIVANDO A SIMPLICIDADE 152

15. A SERENIDADE SE CONQUISTA 156

16. EXERCITANDO A PACIÊNCIA 161

17. CERTEZA NA RESSURREIÇÃO 166

18. MUDANDO ATITUDES IRREFLETIDAS 171

19. EDUCAR-SE PARA SERVIR 176

20. VERDADEIRA FELICIDADE 181

REFERÊNCIAS BIBLIOGRÁFICAS 185

Prefácio

Herdeiros do pensamento e da ação coletiva da humanidade, mas também, em última análise, herdeiros de nossa própria história, individualmente falando, temos nós, os Espíritos encarnados na Terra, a missão de enfrentar o grande desafio: *mudar para melhor*. E esse processo progressivo exige, do ser humano, muita luta, vontade e perseverança, pois significa romper com velhos hábitos, crenças, tabus, que incorporamos em nossa personalidade através das experiências multisseculares.

Diante disso, nos perguntamos: Por que ainda temos facilidade para adquirirmos hábitos perniciosos e dificuldade para assimilarmos ensinamentos e exemplos dos grandes mestres da humanidade?

Eis aí um paradoxo para meditarmos a respeito.

Partindo da "estaca zero", na simplicidade e na ignorância, o Espírito imortal, tem de percorrer, por determinação do Criador, os estágios progressivos da evolução contínua. Sendo assim, deve adquirir por si mesmo, a consciência de suas escolhas e atitudes, erradas ou certas, pois é isto que lhe facultará o aprendizado, a maturidade e a experiência.

Possuidor do livre-arbítrio para caminhar, o Espírito adquire por si só, mas também na convivência com a sociedade adquire também, hábitos nem sempre salutares para facilitar o seu progresso; pelo contrário, mantendo-o cativo ao primarismo da vida.

Preso ainda às necessidades da matéria, e ainda egoísta, pois isto tem origem na Lei de Conservação, pensa em si em primeiro lugar, vivendo uma vida de prazeres fáceis e desregramentos de toda ordem, impedindo-o de vislumbrar novos horizontes.

Daí por que temos facilidade em assimilar os modismos passageiros, vivendo segundo as "normas" estabelecidas pela sociedade e abrindo mão de sua autenticidade com medo de ser "diferentes".

A presente obra do professor Boberg procura traçar um paralelo entre os hábitos ruins que adquirimos milenarmente, fruto da imaturidade e da incompreensão dos reais objetivos da Vida, e os hábitos bons que devemos conquistar através da auto-educação, mediante firme vontade e perseverança.

Mudar ou estagnar, eis a questão.

A humanidade nunca esteve abandonada pela Providência Divina. Em todas as épocas e sociedades terrenas, o homem contou com a presença de Espíritos mais evoluídos, que se encarnaram com o objetivo de ensinar, educar, enfim, substituir o velho, o ultrapassado pelo novo, pelo melhor.

Cabe a cada um de nós estar em estado de "prontidão para mudança", isto é, estar abertos para verdades e conquistas novas, condição necessária para o seu progresso espiritual.

Que a leitura deste livro abra novos horizontes para cada um de nós, incentivando-nos à busca incessante do auto-aperfeiçoamento.

Jacarezinho (PR), outono de 2004

José Aparecido Sanches
Presidente do Centro Espírita "Nosso Lar"–
Jacarezinho-PR.

Introdução

Ao fazermos estudos da obra *Pensamento e Vida* do Espírito Emmanuel, psicografada por Francisco Cândido Xavier, nós nos deparamos com uma lição, que nos despertou para uma reflexão mais acurada. Trata-se do capítulo 20, sobre o "Hábito". Primeiramente, ficamos agradecidos pelas bênçãos que a Doutrina Espírita nos proporciona, pois, sendo calcada na "pluralidade das existências", dilata-nos a visão de mundo, proporcionando-nos meditação sobre os "porquês" do comportamento na vida atual. Muitas vezes, buscamos respostas para identificar as nossas diferenças comportamentais, fazendo retrospecto no roteiro dessa existência e verificamos que, ao lado da aprendizagem atual existem outras, em eterno *continuum*, que foram sedimentadas ao longo de experiências anteriores, e não foram aprendidas só neste espaço de existência terrena. Para a Psicologia os hábitos são construções a partir do nascimento. Vale dizer, tão-somente nesta vida. Para a Doutrina Espírita, no entanto, são eles reflexos das experiências acumuladas ao longo de vivências milenares, que se perdem na noite dos tempos.

Em razão disso, inspiramo-nos em aprofundar nossas reflexões sobre os hábitos, pelo papel de suprema importância que desempenham na vida psíquica do homem no processo de evolução. Mas, ao mesmo tempo em que sua formação é um instrumento de progresso, temos que estar sempre em "estado de prontidão" – como condição de crescimento permanente – para enfrentar as mudanças desses mesmos hábitos, quando eles não mais se adaptarem às novas situações.

A tendência do homem, em relação ao novo, é se acomodar, a manter-se nos velhos hábitos, já que o Espírito tendo sedimentado através do tempo, nas múltiplas encarnações, seus conhecimentos e experiências, sente-se mais seguro em manter o seu lado conservador. Esse arcabouço mental reflete a personalidade permanente de cada um, constituindo assim, a estrutura psicológica do ser em evolução. Enfrentar as mudanças, transformando-se, sem desestruturar-se, é algo angustiante de ser encarado, o que leva as pessoas a se acomodarem naquilo a que já se acostumaram a fazer sem muita dificuldade.

É comum as pessoas, psicologicamente, manifestarem-se contra as "mudanças" por serem conservadoras, e para tal se expressam por intermédio de vários subterfúgios. Uns alegam que já estão "velhos e isso é para os mais novos", que "essas mudanças complicam demais", que "não têm mais cabeça para isso", e assim por diante. É um processo complexo, visto que, a estrutura mental formada mediante essas experiências se sedimenta de tal sorte que criamos o nosso próprio código de conduta. Esse código é construído paulatinamente, pela influência de vários fatores: família, classes sociais, visão pessoal de mundo, pelos mecanismos de compensação que utilizamos, e, em especial, pelas religiões.

Esse patrimônio espiritual, que constitui o histórico de cada um, é fruto de várias experiências reencarnatórias. Em determinados momentos, temos que enfrentar situações novas, que nos colocam em choque com o nosso código e temos duas soluções possíveis: conservar ou mudar. Há uma ansiedade perturbadora pelo medo da transformação, pois tudo "estava dando tão certo até agora!", afirmam as pessoas. E o medo de errar: "O que vão pensar de mim?" Surge a angústia. Dúvidas avassaladoras povoam a mente. É o caso da fé religiosa que, construída sobre bases dogmáticas de crenças conservadoras, conduz o ser, em certo momento, com o desenvolvimento da razão, a questionar a si mesmo sobre a validade de determinadas "verdades", que são "leis" em nosso código interno. A dúvida, o medo de quebrar tabus, de contrariar a família, o grupo social etc., levam a pessoa à acomodação ou à assimilação. Acomodando-se estaciona por um tempo. Mudando encara a situação, construindo uma nova visão de vida.

Mudar é encarar o novo, com coragem, encontrando novos caminhos, novas soluções. Acomodar-se é permanecer como está, desertando da transformação. O processo de aprendizagem leva-nos a mudanças constantes. O Espiritismo nos conduz à idéia de "progresso" permanente. E quantos conceitos somos obrigados a refazer à medida que nós amadurecemos espiritualmente, para adaptação à nova realidade? No caso da Doutrina Espírita, em especial, num primeiro momento, o estudioso angustia-se; há um certo medo de se estar *fascinado* – médium que, iludido pelo pensamento de Espíritos obsessores, considera-se estar sempre certo – pela aquisição de novos conceitos. Porém, o tempo se encarrega de mostrar que aquela mudança era importante e necessária, para a readaptação psicológica diante do novo. Existe o tempo certo para que cada criatura adquira a maturidade e tome novos rumos; este momento é quando se percebe que o seu equipamento psicológico está desatualizado para enfrentar nova senda.

Kardec enfatiza bem o sentido da necessidade do progresso constante na trajetória do crescimento do Espírito, afirmando, em *O Evangelho segundo o Espiritismo*, Cap. XVII, item 4, que: "Reconhece o verdadeiro espírita pela sua transformação moral e pelos esforços que emprega para domar as suas más inclinações". Essa orientação do Codificador sempre foi interpretada tão-somente do ponto de vista moral; no entanto, ela nos dá a entender que o verdadeiro espírita é aquele que está sempre em estado de "prontidão" para evoluir permanentemente em todos os setores, inclusive no aspecto moral. Em *O Livro dos Espíritos*, nas questões 779-780 e 780-a, os Mensageiros Amigos fazem elucidativas abordagens sobre o progresso, afirmando que: "O homem desenvolve por si mesmo", "(...) nem todos progridem ao mesmo tempo e da mesma maneira", "(...) os mais adiantados ajudam os outros a progredir pelo contato social"; O progresso moral é uma conseqüência do intelectual, "mas não o segue imediatamente"; "(...) o desenvolvimento do livre-arbítrio segue ao desenvolvimento da inteligência e aumenta a responsabilidade do homem pelos seus atos".

Dentro desta perspectiva, desenvolvemos, inicialmente, um estudo sobre a *força do hábito*, mostrando alguns costumes negativos – fumar, reclamar, uso do palavrão, apego excessivo, prejulgamentos e sugestões de eliminação – e a importância da rotina construtiva, elencando algumas condutas positivas – o fazer o bem, o exame da consciência, da oração, da perseverança, do estudo e aprofundamento da Doutrina, que devem ser preservadas. Destacamos a importância de Jesus – como marco de renovação à Humanidade – com "as Bem-Aventuranças" ensinando-nos "uma nova *moda moral*", com várias propostas de educação da alma, dividindo, desta forma, a História entre "antes e depois dele".

Dessas reflexões podemos afirmar que as mudanças são diferentes em cada ser, em razão do progresso ser algo pessoal, construído ao longo desta atual e nas múltiplas existências corpóreas. Uns adiantam, outros demoram mais. Mas uma coisa é certa, a mudança é inevitável; todos evoluirão através dos tempos, alcançando a plenitude possível na rota do crescimento. Daí concluirmos que a **prontidão para mudança** será sempre proporcional a evolução de cada um.

Mudar é encarar o novo, com coragem, encontrando novos caminhos, novas soluções. Acomodar-se é permanecer como está, desertando da transformação.

1. A força do hábito

"Hábito é uma esteira de reflexos mentais acumulados,
operando constante indução à rotina".
(XAVIER, Francisco Cândido. Pensamento e Vida,
pelo Espírito Emmanuel, p. 95).

A formação de hábitos surge em nosso roteiro de vida, como conseqüência da repetição de atos, que podem assumir situações positivas ou negativas, dependendo do conteúdo de sua repetição, ao longo de nossas atividades. Há uma tendência entre os seres vivos, de conservar as modificações que lhe estejam em harmonia com suas disposições naturais; o hábito, portanto, é fruto de uma disposição adquirida, de caráter secundário, a conseqüência de experiências, quer no estágio da atual existência, ou mesmo, em vivências pretéritas.

Tratando-se de uma disposição adquirida, por meio de repetições pelo sujeito, de forma "consciente", difere-se o hábito do instinto, pois este consiste numa disposição primitiva, inata, imutável e que atua, em geral, de modo "inconsciente", mas com finalidade precisa e independentemente de qualquer aprendizado, variando de acordo com a espécie e que se caracteriza em determinadas condições, por atividades elementares e automáticas.

Como exemplos desses comportamentos "não ensinados", podemos citar: o instinto das aves migratórias que partem e retornam no momento em que estiverem prontas para esse objetivo; a construção sempre da mesma forma da casa do João de barro; o ato espontâneo de sucção do bebê no contato com o seio materno; a manifestação da sexualidade como forma de preservação da espécie; o instinto de conservação etc., que se expressam por um impulso espontâneo sem qualquer ensino. Há portanto como um estado de "prontidão" para que o ser se coloque em ação em momentos pré-determinados.

Os homens, como os animais, são portadores de instintos, distinguindo-se, todavia, pelo livre-arbítrio, e também pela inteligência e vontade; na proporção em que o ser humano se desenvolve e se esclarece, por força da educação, dos deveres sociais etc., vai gradativamente dominando os impulsos instintivos, encaminhando sua atividade para objetivos sempre mais nobres.

O hábito, portanto, é sempre construído "conscientemente", isto é, por um processo intencional e inteligente, diferindo-se de indivíduo para indivíduo. Aliás, não dá para imaginar se a cada dificuldade, já enfrentada e aprendida, tivéssemos que iniciar tudo de novo. Ora, "a educação é o conjunto dos hábitos adquiridos"; não se justifica, por conseqüência, sempre um "eterno recomeço" – entendendo o hábito como o fruto de nossa aprendizagem – se ele se perdesse após cada realização.

Os nossos costumes sociais são hábitos adquiridos, impostos pela sociedade em determinadas épocas; apresentam-se "prontos" e para demonstrar nosso entrosamento ao grupo deixamos, muitas vezes, de expressar a nossa própria personalidade, vivendo o que os "outros pensam". Transformamo-nos, na condição de verdadeiros "homens-cópia", simbolizando o desrespeito por nós mesmos, para, por força da imitação, viver uma vida alheia em desprezo aos nossos próprios potenciais, que devem ser desenvolvidos.

É importante para a nossa evolução espiritual a aquisição de bons hábitos de pensamentos e ações, pois facilitam o enfrentamento das dificuldades de forma rápida, poupando-nos de ações supérfluas. Os hábitos ruins são causadores de enormes "estragos" no nosso processo de crescimento espiritual; determinadas atitudes que expressamos – em razão de sua automatização – são imperceptíveis por nós mesmos em nossos relacionamentos, exigindo, em certos casos, muito esforço e boa vontade para eliminá-los.

Para os adeptos da *unicidade da existência*, o hábito só é construído a partir do nascimento e, portanto, a criança ao nascer não é detentora de hábitos – reflexos mentais acumulados em experiências passadas – trazendo somente em seu equipamento orgânico as tendências instintivas. No entanto, sob a óptica da Doutrina Espírita que tem como Lei Natural a *pluralidade das existências*, o Espírito é uno em sua trajetória evolutiva, até atingir a condição de Espírito Puro, estagiando, porém, nesta caminhada por diversos veículos de manifestações, por meio de múltiplas existências neste e em outros mundos que pululam em número enorme pelo Universo; neste sentido será ele sempre herdeiro das suas próprias disposições construídas, sejam elas boas ou más.

Pelo exposto, depreende-se que ao reencarnarmos ao lado das nossas tendências instintivas, trazemos em nossa bagagem a hereditariedade espiritual na forma desses outros hábitos adquiridos nas experiências anteriores, que irão, desde cedo, marcar as diferenças em relação ao nosso modo de ser agora e aqui, diante de outras criaturas. Portanto, os bons hábitos serão sempre úteis ao nosso processo evolutivo, encurtando caminho para repetições desnecessárias e respondendo pela rapidez diante das situações já aprendidas. Por outro lado, os ruins precisam ser combatidos, exigindo muito esforço e será sempre proporcional à maturidade atingida por cada um. Paulo de Tarso, escrevendo a Timóteo

(4:7), após o seu encontro pessoal com o Cristo, externando o quanto sofrera para essa transformação e diante dos inúmeros hábitos negativos de que era portador, confessa: *"Combati o bom combate, acabei a carreira e guardei a fé".*

Embora a criação desses hábitos seja um trabalho individual, um esforço definido de cada criatura, a força do exemplo é fundamental, principalmente daqueles que participam de nossa vida de relação. Não se educa com discursos, mas com exemplos nobres que sirvam de parâmetros para a edificação de nossa conduta.

Assim, é preciso considerar que os hábitos ruins, que se manifestam em nossas atitudes, foram construídos de forma consciente por nós mesmos e estão intimamente vinculados às nossas tendências instintivas. Dessa forma, mediante esforço próprio de cada um poderão ser modificados gradualmente, pela diminuição de seu uso ou então, de forma radical, numa tomada de firme decisão no desejo da mudança. De uma forma ou de outra, *o evoluir sempre* será o objetivo da nossa reencarnação.

Portanto, como mecanismo de progresso, os costumes sadios são conseqüências das ações construídas na inspiração das Leis Divinas, gravadas na consciência de cada um. Diante disso, toda construção de bons hábitos pela criatura é demonstração de sintonia com o Reino de Deus, potencializado em nosso EU DIVINO.

Transformamo-nos, na condição de verdadeiros "homens-cópia", simbolizando o desrespeito por nós mesmos, para, por força da imitação, viver uma vida alheia em desprezo aos nossos próprios potenciais, que devem ser desenvolvidos.

2. Mudando hábitos negativos

*"Herdeiros de milênios, gastos na recapitulação de muitas
experiências análogas entre si, vivemos até agora, quase
que à maneira de embarcações ao gosto da correnteza, no
rio de hábitos aos quais nos ajustamos sem resistência".*
(XAVIER, Francisco Cândido. Pensamento e Vida,
pelo Espírito Emmanuel, p. 95).

No que se refere aos hábitos negativos, adquiridos ao longo de milênios, temos, por força da necessidade do progresso evolutivo da alma, que envidar os melhores esforços no sentido de sua eliminação, lutando assim pela nossa transformação. Quando extinguem-se costumes prejudiciais ao nosso crescimento, substituindo-os por hábitos sadios, abrimos caminhos para a conexão com as Leis Divinas, a Sabedoria Interior de que todos somos portadores.

É imprescindível para o processo evolutivo, na conquista da pureza de Espírito, acompanhar o progresso das ciências. Kardec, abordando o enfrentamento entre o choque dos costumes antigos do mundo e as mudanças atuais que são desvendadas constantemente, comenta que: "Ainda hoje, não há contestá-lo, o mundo se acha num período de transição, entre os hábitos vetustos, as crenças insuficientes do passado e as verdades novas, que lhe são progressivamente reveladas".[1]

As Ciências evoluem rapidamente e nem sempre acompanhamos, em igual proporção, o seu progresso. Nossos parâmetros conquistados em experiências anteriores, quase sempre engessam os hábitos com tal rigidez que, muitas vezes dificultam o enfrentamento dessas mudanças. Esses costumes antigos, baseados em sua maioria, nas *crenças*, se automatizam e passamos a aceitá-los como verdade absoluta, conduzindo nosso comportamento.

Numa feliz analogia, Emmanuel assemelha esses hábitos milenares, incrustados em nossa personalidade, *"quase que à maneira de embarcações ao gosto da correnteza, (...) aos quais nos ajustamos sem resistência"*. Fixam-se de tal modo que agimos automaticamente, sem qualquer reflexão, como se fossem verdades científicas indiscutíveis... São automatismos que foram incorporados em nossa personalidade com base em crenças, sem qualquer análise da razão; não sendo fruto de experiência pessoal refletem aprendizagens irreais, que, pela repetição, acabam fixando-se em nosso comportamento.

À medida que ampliamos o nosso amadurecimento espiritual, adquirimos consciência de nós mesmos e utilizamos melhor o livre-arbítrio, incorporando hábitos por experiência própria; enquanto que imaturos assimilamos costumes alheios. Carregamos, assim, tal como a tartaruga com sua carapaça, certas crenças habituais que se incorporaram na estrutura espiritual, no decorrer dos séculos, exteriorizando-as em nosso comportamento até que haja o despertar da consciência, ou seja, o pensar de forma independente.

Quantas vezes não ocorre isto conosco? Depois de agirmos habitualmente de certa maneira, rotineiramente, um dia "cai a ficha" e perguntamos: Mas afinal, por que penso ou ajo dessa forma? Há um lampejo, e caímos em nós; na realidade, agimos, na maioria das vezes, por força de imitação, sabe-se lá há quanto tempo! Isto já não ocorreu com você? Quando chegamos a este ponto, precisamos refazer nossos conceitos. Quando os costumes estão relacionados a atual existência fica mais fácil a mudança, pois, com um pouco de esforço vamos buscar as razões daquele comportamento. Quando, porém, estão vinculados às existências anteriores as dificuldades são maiores, pois que, desconhecemos de imediato o porquê daquele comportamento daquela forma. Temos apenas vaga intuição da nossa ligação a determinado gênero de vida em nossas romagens pretéritas. Assim, a título de exemplo: Por que determinadas criaturas manifestam, inconscientemente, o segregacionismo racial, o descontrole na administração dos gastos, o demasiado apego a bens materiais, sem falarmos do orgulho, do egoísmo, da prepotência, do arredio a determinadas concepções religiosas? Se não encontramos respostas no agora, certamente estão vinculadas ao nosso modo de vida, em existências passadas.

Essas "verdades" que temos por "absolutas" ou incontestáveis que se incorporaram ao nosso comportamento foram transmitidas pelas idéias que assimilamos de autores de livros, dos pais, professores, líderes religiosos, meios de comunicação – em especial a televisão – etc..., nesta ou em vivências anteriores sem passarem por uma análise reflexiva. Agimos como um computador que grava informações e as repete, quando acionado. Dentre tantos hábitos milenares fixados em nossa consciência, citamos a título de exemplo, o da crença religiosa. Quantos males o sectarismo das idéias religiosas, fixados de forma dogmática em nossa consciência, têm causado em todos os tempos? Os conceitos seculares incorporados ao pensamento do Espírito há muito tempo refletem-se na conduta atual. Quantos absurdos não resistem a menor análise da ciência, mas continuam fixados no pensamento das pessoas e se opõem tenazmente a qualquer mudança, levando muitas vezes ao fanatismo? São divergências de toda ordem, perseguições, guerras religiosas etc., tudo em nome de Deus! *Ad majorem gloriam Dei* ! (para maior glória de Deus!)

Por força de crença religiosa secular mantém-se, imperceptivelmente, hábito de aceitação da idéia do pecado, do perdão, da culpa, do céu e inferno – com localizações físicas – da fé sem obras etc., perpetuando na criatura o medo diante de um Deus rancoroso, que a todos pune, esquecendo-se de que em qualquer situação Deus é amor. Mesmo entre os espíritas, por falta de estudo das obras da Codificação, propagam-se falsos conceitos que impedem a criatura de dar pleno desenvolvimento de seu potencial divino. Muitos neófitos da Doutrina Espírita, por terem vivido por longo tempo no convencionalismo das crenças dogmáticas, manifestam no comportamento hábitos rígidos, repletos de crendices, frutos da fé cega e continuam, sem mesmo perceber, algemados às idéias do Deus judaico-cristão, vingativo, que castiga e premia.

No Espiritismo, a idéia de Deus é sempre de Pai que ama seus filhos e dá a todos as mesmas oportunidades, até porque Jesus ensinou: Pai Nosso, e a cada um segundo suas próprias obras... Criados simples e inexperientes todos os seres têm o mesmo ponto de partida. Somos perfectíveis, pois somos dotados do germe para atingirmos a perfeição. O Reino de Deus está dentro de nós. Por meio das existências sucessivas, mediante o livre-arbítrio, concedido por Deus no roteiro das vivências, temos "erros" e "acertos". Ao fazermos nossas escolhas, erramos, o que é perfeitamente normal, mas não é considerado "pecado", nem haverá qualquer punibilidade por parte de Deus, pois se trata de mecanismo de aprendizagem. Quando nos desviamos da Lei Divina, surge o sofrimento que nunca é imposto por Deus, mas condição de "alerta" interior à criatura para corrigir a rota de ação.

O Espiritismo nos conduz à constante reflexão, levando-nos a passar tudo pelo crivo da razão. Se os hábitos negativos não são, tão-somente, desta existência e se os trazemos, muitas vezes, de experiências anteriores são, certamente, para que alcancemos o equilíbrio e a harmonia interior; e para que isso ocorra, temos que trabalhar para a sua transformação. Os hábitos que devem ser modificados são principalmente os mentais que causam dor e sofrimento. Os nossos comportamentos e atitudes se manifestam de forma automática, sem que o percebamos. O mau hábito não é eliminado simplesmente afastando o objeto do viciado. É preciso, com boa vontade lançar constantes sugestões ao subconsciente, onde está enraizado, por intermédio dos mais variados recursos. No dizer de Mark Twain: "A gente não se liberta de um hábito atirando-o pela janela: é preciso fazê-lo descer a escada, degrau por degrau".[2]

Temos que reverter a situação, alertado pela sabedoria do Espírito Emmanuel, educando-nos gradativamente com as bênçãos da Doutrina Espírita, para que "deixemos de viver à maneira de embarcações ao gosto da correnteza, no rio de hábitos aos quais nos ajustamos sem resistência".

Vamos analisar a força de alguns "maus hábitos" que incorporados à nossa estrutura psicológica, segundo atitudes negativas fragilizam a nossa conduta e, uma vez estratificados em nosso ser, precisamos de esforço e boa vontade para sua eliminação.

Quantos absurdos não resistem a menor análise da ciência, mas continuam fixados no pensamento das pessoas e se opõem tenazmente a qualquer mudança, levando muitas vezes ao fanatismo.

---

[1] KARDEC, Allan. *Obras Póstumas*, Item IX, p. 136.
[2] *Site*: www.reflexao.com.br, ano II, n.º 56, maio 2003.

2.1. Fumar: apague esse fogo!

> *"Algumas serviam as baforadas de fumo arremessadas ao ar, ainda aquecidas pelo calor dos pulmões que as expulsavam, nisso encontrando alegria e alimento".*
> (XAVIER, Francisco Cândido. Nos domínios da mediunidade, pelo Espírito André Luiz, p. 138).

Um verdadeiro contra-senso é pedirmos em nossas orações, saúde para que tenhamos vida longa e ao mesmo tempo tragarmos diariamente a fumaça que causa vícios destruidores para o templo da alma, gerando as mais variadas enfermidades físicas.

Até recentemente os meios de comunicação – televisão, rádio, jornais, revistas, entre outros – divulgavam fartamente comerciais de cigarros, mostrando jovens atletas, moças bonitas, atores famosos em carros de última geração, ou praticando esportes, mostrando a felicidade de se dar as baforadas, numa verdadeira propaganda enganosa e perniciosa. Foi num desses comerciais, por exemplo, que teve origem a famosa "Lei de Gérson", que se popularizou por dizer: "Você também gosta de levar vantagem em tudo, certo?" Um tremendo contra-senso, já que o Governo permitia a propaganda, mas obrigava que se colocassem o alerta em baixo, em letras pequenas: O Ministério da Saúde adverte: *Fumar faz mal à saúde*. É de se perguntar, por que não mostravam os fumantes já pacientes terminais, vítimas do fumo ao invés dos jovens bonitos?

No entanto, os viciados quando são alertados para os perigos do vício do fumo costumam utilizar-se dos mais variados subterfúgios, dizendo que "conheceram inúmeras pessoas que fumaram a vida toda e tiveram vida longa"; que "fumando ou não irão morrer um dia, pouco importando a causa"; quando alertados que se trata de suicídio lento – dizem que: "não têm pressa para morrer" etc., estamos diante apenas de tantos outros escapismos inconcebíveis.

As pesquisas científicas têm demonstrado que o poder químico do alcatrão, do benzopireno etc... debilitam os órgãos do fumante, propiciando a instalação de inúmeros agentes cancerígenos, substâncias venenosas e elementos que danificam os pulmões com a entrada da fumaça do cigarro. Para se ter uma idéia do estrago que a nicotina (outro componente do fumo) produz no organismo do viciado, a ciência comprova que numa tragada de cigarro o fumante inala um produto químico que é um venenoso alcalóide, que está classificado farmacologicamente como uma substância tão letal para os nervos, que uma injeção de apenas uma gota pode provocar a morte instantânea.

Não existe a morte como se entende, no sentido vulgar. Deixamos o corpo físico e continuamos no mundo espiritual com os vícios contraídos na existência física. Além de abreviar nossa vida carnal, por um suicídio lento sim, deixamos os nossos compromissos com aqueles que dependem de nós, esposa, filhos etc., tudo em razão do vício.

No livro "Nos domínios da mediunidade", com narração de André Luiz, pelo lápis psicográfico do saudoso Chico Xavier, encontramos alertas sobre as conseqüências do vício do tabaco e sua continuidade no mundo espiritual. Observando uma casa noturna, repleta de gente, apresenta alguns apontamentos interessantes sobre os Espíritos apegados aos desvarios das viciações e que se juntam aos encarnados, também dominados pelos mesmos costumes, informando que: *"Algumas serviam as baforadas de fumo arremessadas ao ar, ainda aquecidas pelo calor dos pulmões que as expulsavam, nisso encontrando alegria e alimento".*[1]

A morte não apaga os vícios. Continua na vida espiritual a mesma sensação e necessidade transformada em hábitos na existência carnal. Nem sempre é fácil o abandono dos costumes necrosados na alma. Informa Hilário, instrutor espiritual a André Luiz que: *"muitas vezes há necessidade de dolorosas reencarnações em prisão regeneradora, para se extirpar dos vícios incorporados de longa data. Cita o caso do mongolismo, hidrocefalia, a paralisia, a cegueira, a epilepsia secundária, o idiotismo, e outros recursos (...) que podem funcionar, em benefício da mente desequilibrada, desde o berço, em plena fase infantil".*[2]

A Doutrina Espírita nos esclarece que todos os vícios cultivados em nosso templo físico, em nos prejudicando a saúde, abreviam a nossa passagem para o mundo espiritual, representando formas de suicídios indiretos, acarretando ao Espírito nessa volta ao mundo espiritual sentimento de culpa, proporcional aos abusos cometidos quando encarnados.

André Luiz nos conta sobre a sua passagem pela região umbralina, onde fora chamado de "suicida" ao acordar no Grande Além, o que o surpreendera muito pois havia deixado o corpo a contragosto, tendo lutado por mais de quarenta dias tentando vencer a morte. Os orientadores espirituais esclareceram, todavia, que também cometemos suicídio por intermédio de ações viciosas que atentam contra o nosso templo divino e que venham comprometer o organismo. Todo ato vicioso, desde a intemperança mental, aos excessos de alimentação, à bebida alcoólica, ao fumo etc., devoram as reservas do corpo somático, levando também ao suicídio inconsciente. Meditando sobre os problemas dos caminhos humanos, refletindo sobre as oportunidades perdidas, comenta André que: *"era verdadeiramente um suicida, perdera o ensejo precioso da experiência humana, não passava de um náufrago a quem se recolhia por caridade"*.[3]

A morte não apaga os vícios. Continua na vida espiritual a mesma sensação e necessidade transformada em hábitos na existência carnal.

---

[1] XAVIER, Francisco Cândido. *Nos domínios da mediunidade*, pelo Espírito André Luiz, lição "Forças Viciadas", p. 138.

[2] Id.Ibid., p. 139-140.

[3] XAVIER, Francisco Cândido. *Nosso Lar*, pelo Espírito André Luiz, lição "Clarêncio", p. 22-23

2.2. Reclamar... antipatia à vista!

> *"As suas reclamações, ainda mesmo afetivas, jamais acrescentarão nos outros um só grama de simpatia por você". (XAVIER, Francisco Cândido. Agenda Cristã, pelo Espírito André Luiz, p. 120).*

Pessoas há que de tanto cultivar pensamentos negativos se programam tal como fazemos com o computador. Mesmo diante de situações alegres são incapazes de qualquer manifestação de felicidade. São "contra o mundo" e sempre estão dispostas a tudo contestar ou criticar, mesmo sem fundamento. São hábitos que vão se condicionando à personalidade, e até numa roda de amigos ficam mudas, quando não têm nenhum assunto para tecer queixa. E como é ruim conviver com criaturas assim! Não trazem nada de otimismo e alegria nos relacionamentos. Se estiver chovendo reclamam que a chuva atrapalha. Em tempo de estiagem reclamam por falta de chuva. No inverno queixam-se do frio; no verão dizem não suportar tanto calor. Durma-se com um barulho desses...

Este é um vício que afasta as pessoas do convívio social. Precisamos valorizar o que temos, ver a vida com alegria ainda que nos momentos mais difíceis; afinal, todas as oportunidades surgidas, boas ou ruins, são situações de aprendizagem. Aprendemos com a diversidade dos problemas, pois viver é aprender eternamente. Este é o grande benefício da vida – educar sempre, aproveitando o ensejo até diante das adversidades.

Em razão do mau hábito de reclamar, adverte André Luiz, "*As suas reclamações, ainda mesmo afetivas, jamais acrescentarão nos outros um só grama de simpatia por você*".[1] O hábito de criticar a situação e não procurar soluções possíveis para o problema, esperando que a solução "caia do céu", gratuitamente, não leva a lugar nenhum! Só criamos antipatia pela imagem negativa que passamos às pessoas, nada construindo. Precisamos criar novas disposições para enfrentar situações imprevistas, modificando os padrões mentais adquiridos, aos quais nos acomodamos e que não mais servem para a solução das dificuldades, com as quais estamos nos defrontando no momento. É difícil sim, sair de algo que estamos acostumados a praticar há tanto tempo, sem muito esforço mental, habituamo-nos, pois, a fazer daquela maneira e de uma hora para outra, temos que nos tornar aprendizes de outros caminhos, para enfrentar novas situações! Mas se quisermos a solução, a reclamação não soluciona; temos de ir à luta. Certa vez, lemos num livro didático de que "somos a vida toda, ora educadores, ora aprendizes". Contudo, vejamos, entre tantos exemplos que poderíamos citar, o caso do surgimento do computador diante da velha máquina de escrever. Muita gente até hoje diz "que não quer saber mexer nisso, não". É muito complicado. Olhe, no início, confesso que me utilizava de terceiros para digitar meus textos, até que parei e disse: "Mas eu tenho que enfrentar o avanço da tecnologia, senão vou ficar à margem do mundo extraordinário do aprender, que a nova técnica nos oferece". E olhe, todo dia descubro novidade! Aliás, tive a oportunidade de assistir a uma reportagem, pela televisão, onde os administradores de uma casa de repouso ensinavam aos idosos o uso da Informática. Quanta manifestação de alegria estampava-se no semblante daquelas almas, por encontrar um novo mundo! É uma terapia e tanto para quem coloca em ação os seus potenciais em busca da felicidade! É uma boa sugestão para você que está em casa aposentado, sem fazer nada. Desafie-se, vá aprender a mexer com esta tecnologia extraordinária.

Temos que exercitar a mudança em nossos costumes viciosos; no entanto, a modificação definitiva é fruto de maturidade, esforço e boa vontade. Não adianta apenas "maquilagem", isto é, uma aparente transformação para consumo externo. Temos de nos renovar interiormente e isto leva tempo. É sob essa óptica que Paulo, recomenda: "(...) *Transformai-vos pela renovação de vossa mente, para que proveis qual é a boa, agradável e perfeita vontade de Deus*".[2] Essa renovação da mente é condição para o progresso, mesmo à custa de muito suor e lágrima. Afinal de contas, de que adiantaria obtermos o passaporte para um reencarne se continuássemos estacionados? Deus nos dá a responsabilidade de progredirmos sempre colaborando com Sua obra, sendo importante, portanto, a nossa renovação da mente.

O filósofo grego Heráclito de Éfeso afirmou, em um de seus ensinamentos que: "não podemos banhar-nos duas vezes no mesmo rio, porque o rio não é mais o mesmo"[3]. Querendo dizer com isso que, com o movimento das águas e pela forma como o vemos pela segunda vez, tudo estará diferente. Tudo muda em a Natureza. Nós somos hoje diferentes do ontem e o seremos do amanhã. Então, se não adaptarmos o equipamento às mudanças, simplesmente estacionamos. Mas isso não será para sempre pois, mais hoje ou mais amanhã, de acordo com a maturidade adquirida, nesta ou nas próximas existências, teremos que colocar os neurônios a funcionar e proceder a atualização. Deixa-se o velho hábito, substituindo-o por outro que atenda ao nosso progresso. Referindo-se ao acompanhamento do progresso, os Espíritos Orientadores afirmam que: "*O homem se desenvolve, ele mesmo, naturalmente. Mas nem todos progridem ao mesmo tempo e da mesma forma; é então que os mais avançados ajudam o progresso dos outros, pelo contato social*"[4]. Veja-se que, sendo diferentes uns dos outros, cada ser muda, por si mesmo, naturalmente, não havendo necessidade de forçar. No tempo certo, a criatura sai do "congelamento" arredio, diante da resistência de não querer mudar, e resolve encarar o desafio; depois de lutas, da reestruturação em seu mecanismo de ação, ensaios e erros, vence-se o obstáculo e volta-se ao equilíbrio normal, até o momento que surjam novos desafios e assim, sucessivamente, num processo sempre provisório de estabilidade, rumo ao aperfeiçoamento evolutivo. Aqui nos faz lembrar o sábio alerta do Mestre de Nazaré[5]: "*Primeiro a erva, depois a espiga, e, por último o grão cheio na espiga*". Quer dizer, tudo vem a seu tempo, sem pressa nem desespero.

Precisamos erradicar a idéia de que "nascemos para sofrer", que "não existe felicidade" ou que "a felicidade não é deste mundo". Esses conceitos retratam as "leis que criamos para nós mesmos", em função de crenças errôneas, que acabam impedindo o crescimento. Nascemos sim, para evoluir sempre e sermos felizes. O sofrimento que encontramos pelo caminho é conseqüência das nossas escolhas infelizes, em razão do nosso livre-arbítrio. Mas daí, concluirmos o tal de "nascemos para sofrer" é paralisar o potencial divino, de que somos portadores. Deixar para ser feliz depois do desencarne? Nosso mundo é o Reino de Deus, com suas leis gravadas em nossa consciência, não importando se estamos encarnados ou não. Quando Kardec pergunta na questão 920, de *O Livro dos Espíritos*, se o homem poder gozar na Terra uma felicidade completa, os Mentores Maiores respondem que completa não, em razão das condições evolutivas de cada um, *"mas que depende também de cada um de nós abrandar os seus males e ser tão feliz quanto se pode ser na Terra"*. [6]

Estejamos cientes de que o cultivo do hábito de reclamar, quando encarnados, terá seqüência no Mundo Espiritual; afinal, seremos nós mesmos, só deixamos o corpo físico. E, quando do retorno às lides terrenas, inconscientemente, prosseguiremos como: "eternos queixosos!"

Temos que exercitar a mudança em nossos costumes viciosos; no entanto, a modificação definitiva é fruto de maturidade, esforço e boa vontade.

---

[1] XAVIER, Francisco Cândido. *Agenda Cristã*, pelo Espírito André Luiz, lição 38, p. 120.

[2] Paulo, Romanos, 12:2.

[3] MARCONDES, Danilo. *Iniciação à História da Filosofia, dos pré-socráticos a Wuttgenstein*, p. 35.

[4] KARDEC, Allan. *O Livro dos Espíritos*, Q. 779.

[5] Marcos, 4:28.

[6] KARDEC, Allan. *O Livro dos Espíritos*, Q. 920.

2.3. Hábito do palavrão

> *"Um palavrão é recebido pela pessoa que não está acostumada a ouvi-lo, como uma nota dissonante no ouvido do músico!"*

Um dos vícios que se propaga no mundo atual, subrepticiamente, sem darmos conta do estrago que ele produz, no processo de equilíbrio mental das criaturas é o uso do *palavrão*, isto é, pronunciamentos grosseiros, quase sempre carregados de obscenidades. Um palavrão é recebido pela pessoa que não está acostumada a ouvi-lo, como uma nota dissonante no ouvido do músico!

São formas psicológicas de "jogar para fora" os desequilíbrios e desarmonias interiores, que o ser carrega no seu foro íntimo. São subterfúgios do "eu" para canalizar a insatisfação que povoa o estágio emocional da criatura, envernizando o seu comportamento angustiado.

"Os vícios ou hábitos destrutivos são, em síntese, métodos defensivos que as pessoas assumiram nesta existência, ou mesmo, os trazem de outras encarnações, como uma forma inadequada de promover segurança e proteção", segundo o Espírito Hammed. [1]

Os venenos mentais, que se espalham, influenciam as pessoas desestruturadas psiquicamente, provocando desvios do comportamento, resultando, como conseqüência, em perturbações de toda ordem.

O uso do palavrão deve ser combatido como qualquer outro vício. Leva tempo para a mudança, pois, após instalado no nosso comportamento, requer um policiamento constante de nossas atitudes. Como se tornou hábito, só com o tempo, com esforço pessoal buscaremos, de forma consciente, a mudança profunda, que será sempre lenta e gradativa. Não podemos esquecer que sempre seremos chamados pelos companheiros do vício a participar da onda de palavrões.

A reeducação desse hábito infeliz é sempre conseqüência do "querer consciente". Às vezes, ouvimos as pessoas dizer, que não conseguem mais mudar os seus hábitos, "pois agiram assim a vida inteira!" Suas crenças e costumes estão tão arraigados que preferem "deixar como está", mesmo que isso constitua em prejuízos ao seu progresso espiritual. Muitas vezes, basta a força de vontade. Os comportamentos padronizados podem ser neutralizados quando os deixamos de usar, diminuindo progressivamente o seu uso. A tendência é o seu natural desaparecimento. Quando se deixa de fumar, por exemplo, diminuindo a cada dia o número de cigarros ou quando se abandona o costumeiro "aperitivo", ou se policia a "língua" no ato de falar mal dos outros etc...já estamos aos poucos evoluindo para o alto... E isto ser-nos-á ótimo! Podemos também erradicá-los por uma "tomada de consciência", mediante uma supressão radical, adquirindo um hábito oposto ao que se pretende eliminar. O tempo da extinção de um hábito antigo é proporcional à rapidez na aquisição de um novo que lhe seja contrário. Assinale-se, todavia que, de uma forma ou de outra, o seu desaparecimento vai depender sempre da persistência e da força de vontade de cada um ao encarar os obstáculos, o natural cansaço e desconforto momentâneo como desafios necessários para a superação dos costumes e crenças arraigadas em nosso interior. A prece diária, com toda nossa alma, ao nosso Médico Interior, é a mais poderosa força no auxílio da eliminação de hábitos ruins. André Luiz, quando se encontrava nas regiões umbralinas do Nosso Lar, só conseguiu rasgar as nuvens escuras que o envolvia quando foi capaz de orar com toda a sua alma.

Em determinado momento, pela maturidade espiritual, o ser "cai em si" e parte para a revisão dos conceitos. O Espiritismo, quando bem compreendido, oferece um rol de orientações para a transformação, que nos conduzirá à conquista de nós mesmos. O caminho efetivo da felicidade é a ação no bem; norteando nossos pensamentos nas boas ações, substituiremos as viciações de várias naturezas, dentre estas, o de proferir palavrões.

Parece que a poluição dos pensamentos, mediante o emprego dos palavrões, se espalha em nossa sociedade de forma cada vez mais intensa, principalmente pela influência dos meios de comunicação de massa. A televisão, o rádio, os jornais, revistas, se transformaram num verdadeiro "Cavalo de Tróia", com suas programações e reportagens cada vez mais desvirtuadas da moral e da ética. A luta pela conquista da audiência tem transformado os programas de nosso principal órgão de comunicação – a televisão – em verdadeiros lixos de palavrões; pouco depois, tudo é aceito com normalidade, e daí a pouco estão sendo utilizados pelos consumidores da mensagem. Não negamos a existência de programas de alto nível educacional, mas, na maioria dos casos, temos assistido a verdadeiras aberrações que, em lugar de formar, deformam. Principalmente aquelas criaturas que ainda não estão aptas para discernir o que educa e o que deseduca.

Esta influência invade os lares, as escolas, os ambientes de trabalho etc., e tudo passa a ser aceito como verdadeiro, sem qualquer análise mais profunda. Daí reside o perigo, porque o uso generalizado de um hábito pernicioso não lhe dá cidadania de normalidade, por não ter sido analisado pelo crivo da razão. Ainda bem que nem todos acatam tudo o que é modismo como verdade.

Interessante trabalho vem sendo desenvolvido pelas empresas americanas, numa verdadeira cruzada contra o uso de palavrões. James O'Connor, autor do livro "Controle das Obscenidades", criou uma agência para controlar o uso dos palavrões, afirmando que tal emprego pernicioso polui o ambiente com negatividade, afeta a moral e a atitude de quem fala, além de se constituir em uma grande falta de respeito para com o semelhante ali mais perto do "boca-suja"...

Vejamos o decálogo antipalavrões ensinados pelo autor[2]:

Primeiro: reconheça que falar palavrão causa estragos. Você não ganha nenhum argumento nem prova inteligência. Palavrão intimida, não estimula.

Segundo: comece eliminando os palavrões casuais – faça de conta que a sua avó ou a sua filha estão sempre ao seu lado.

Terceiro: pense positivo. Olhe somente para o aspecto bom das situações.

Quarto: exercite a paciência. Se você estiver preso no trânsito, em vez de xingar o motorista da frente, pense nas suas tarefas do dia, **a serem ainda executadas da melhor maneira possível (acréscimos nossos)**

Quinto: agüente a barra. O dia é cheio de desafios e problemas. Palavrões não irão resolvê-los.

Sexto: pare de reclamar. Em vez disso, ofereça soluções. Você será admirado por sua calma e sabedoria.

Sétimo: use palavras alternativas. Faça a sua lista. Seja criativo.

Oitavo: defenda sua opinião educadamente. Mesmo

sem palavrões, uma frase pode ser muito ofensiva.

Nono: pense na oportunidade que você perdeu de ficar calado ou de falar a mesma coisa de outra maneira.

Décimo: exercite seus novos hábitos. Falar palavrão é um vício, como é o de fumar. Ao eliminá-lo, avise aos amigos e à família.

Procuremos, pois, após uma auto-análise minuciosa das causas que contribuíram para a aquisição do vício, envidar o melhor de nossos esforços na luta para vencer este vício do palavrão, que, além de nos prejudicar, estende sua energia maléfica às pessoas, poluindo o ambiente.

O uso do palavrão deve ser combatido como qualquer outro vício. Leva tempo para a mudança, pois, após instalado no nosso comportamento, requer um policiamento constante de nossas atitudes.

---

[1] ESPÍRITO SANTO, Francisco. *As dores da Alma*, pelo Espírito Hammed, p. 83.
[2] Federação Espírita do Paraná. *site*: www.momento.com.br

2.4. Apego excessivo

> *"O apego aos bens terrenos é um dos maiores obstáculos ao adiantamento moral e espiritual".*
> *(Lacordaire, Evangelho segundo o Espiritismo,Cap. 16, item 14).*

Este é um assunto que deve ser analisado com muita cautela, para que não venhamos cair nos extremos, já que toda radicalização é prejudicial ao crescimento. Aqui, estamos tratando do "apego excessivo", em que a criatura excede à normalidade para assumir posturas extremistas. Desapegar-se não quer dizer ser ocioso, desinteressado, alheio aos nobres objetivos da Vida que Deus espera de cada um nós. *"A ponte serve ao público sem exceções, por afirmar-se contra o extremismo"*.[1]

Nada contra aqueles que lutam para a conquista de seus ideais, nos mais diversos setores da vida, canalizando suas energias para o seu aperfeiçoamento. Existe aí um esforço concentrado para a especialização em determinada esfera de atividades, que redunda em benefícios à própria Humanidade; destacam-se nesse mister médicos, professores, cientistas, líderes espirituais etc...

Lacordaire[2], dissertando sobre o apego aos bens terrenos, ensina que: *"é um dos maiores obstáculos ao adiantamento moral e espiritual; pelo desejo de possuí-los, o homem destrói o sentimento de amor voltando-o para as coisas materiais".*

O trabalho honesto e dedicado conduz necessariamente ao progresso, que é uma Lei Natural. Sem o progresso a Humanidade pereceria. Aquele que "laborou e com o suor de seu rosto" alcançou, como conseqüência, riquezas materiais, é justo que manifeste a satisfação pela vitória; nada há de contrário, pois a conquista foi fruto de seu trabalho dedicado e honesto. Quantas famílias têm salário para alimentar e educar os seus quando encontram a bênção do trabalho, tão escassos neste mundo de automação. Até aí tudo bem. O que entrava o adiantamento é o "apego excessivo", que absorve os outros sentimentos provocando a frieza do coração.

Quando Jesus assevera que: "*se a vossa justiça não exceder a dos escribas e fariseus, de modo algum entrareis no Reino de Deus*"[3], orienta-nos para não agirmos com frieza no coração como faziam aqueles cidadãos que, embora cumpridores dos deveres públicos e privados, respeitando às leis estabelecidas, não atuavam com justiça, não oravam com o coração, não desciam do pedestal do orgulho, não manifestavam a verdadeira fraternidade. Eram tão presos às regras da lei que se afastavam do desenvolvimento do Reino de Deus. Entrar no Reino de Deus é assumir a "posse" das belezas do Templo Divino que habita, incondicionalmente, em todas as criaturas. Não importa se você é membro de determinada organização religiosa ou se não pertence a nenhuma delas; os sentimentos de amor pertencem à religiosidade que cada um desenvolve em seu íntimo. Desenvolvendo o amor, encontramos a fonte da vida que é Deus, pois "(...) *Deus é amor: aquele que permanece no amor permanece em Deus e Deus permanece nele*".[4]

Na Terra, se a nossa riqueza foi conquistada no trabalho edificante e contínuo, ela será caracterizada por posse legítima; todavia, não esqueçamos que, em razão da transitoriedade da vida terrena, ela é "passageira". Sendo coadjuvante da obra Divina, a posse é sempre "relativa", já que somos depositários, e não proprietários. Um dia, por mais bens que tenhamos acumulados – por herança ou pelo trabalho honesto – nada levaremos, quando da nossa passagem para o mundo espiritual, em termos materiais. Da Terra só transportaremos conosco as conquistas do Espírito.

Numa mensagem, constante do Evangelho segundo o Espiritismo, identificando-se como "Um Espírito Protetor" – Cracóvia, (1861), a entidade comunicante assim interpreta o sentido da conquista material: *"Quando considero a brevidade da vida, causa-me dolorosa impressão o fato de terdes como objetivo incessante a conquista do bem-estar material, ao passo que dedicais tão pouca importância, e consagrais pouco ou nenhum tempo ao vosso aperfeiçoamento moral, que vos será levado em conta por toda a eternidade"*[5]. Uma lúcida meditação sobre os objetivos reais da nossa existência. É a questão do "ter" e do "ser". Prioriza-se o material e, em segundo plano, preocupa-se com os valores eternos; estes se incorporam em nossa bagagem de retorno à Pátria Espiritual e constituem nosso patrimônio imperecível.

Vivemos em dias em que todos, sem exceção, incluindo nós espíritas, correm de um lado para o outro, procurando satisfazer nossos anseios e não medimos esforços para alcançar aquilo que desejamos e, para tanto, sempre encontramos tempo para realizar os nossos projetos. Nada em contrário, se nessas conquistas do "ter" tivermos o cuidado de atuar com espírito ético-moral sem ações escusas, que possam comprometer nossa consciência. Se atropelarmos terceiros para atingir nossos objetivos, não resta dúvida, teremos que "refazer a trajetória", não por "castigo", mas pela dor da alma por desviarmos das leis divinas incrustadas em nossa consciência.

Façamos uma reflexão, na citação de Jesus no

Evangelho de Lucas, 38:41-42: "*Senhor, não te importa que minha irmã me deixe servir só?... Marta, Marta, estás ansiosa e afadigada com muitas coisas, mas uma só é necessária; e Maria escolheu a boa parte, a qual não lhe será tirada*". Às vezes na interpretação deste texto, muitos criticam Marta e enaltecem Maria, como se a primeira estivesse errada por estar dedicada ao trabalho e Maria certa por estar voltada às coisas do Espírito. No entanto, Marta e Maria representam os dois lados de nós mesmos. Marta, somos nós, quando vivemos a nossa própria força voltada para as conquistas materiais. O Mundo nos cobra o lado Marta – afinal de contas esse é o nosso lado operoso, trabalhador, realizador... Não podemos radicalizar e pensar que Jesus havia condenado o trabalho, pois se trata de uma lei da Natureza. Sem o trabalho não haveria o progresso. É uma necessidade. Os Benfeitores Maiores instruem que "*sem o trabalho o homem permaneceria na infância intelectual*"[6]. Então Jesus não estaria condenando Marta pelo trabalho que desenvolvia. Maria simboliza a nossa outra parte, o cuidado necessário com as coisas espirituais, o zelo pelo desenvolvimento dos valores do Espírito. Em nossa trajetória evolutiva inicialmente somos voltados mais para a vida material, preocupados mais com o abrigo, com a defesa e com o alimento. No entanto, à proporção que amadurecemos espiritualmente vamos conectando com os valores morais.

Quando Jesus assevera que Marta estava preocupada com "muitas coisas", está se referindo ao sentido de que não devemos estar apegados de muitas atividades ao mesmo tempo, o que pode nos acarretar angústia e sofrimento. Quando estamos "*fadigados com muitas coisas*", deixamos de refletir naquilo que realmente é necessário. Aqui entra a questão da capacidade de se distinguir o que é "*necessário*" e o que é "*supérfluo*". Nem sempre nos contentamos com o que temos; queremos sempre *abarcar mais* e as muitas preocupações impedem a alegria de viver. Às vezes, apegados ao desejo irrefreável de ter mais, não temos tempo para refletir sobre o verdadeiro sentido da vida. Há um tempo para tudo. Os amigos espirituais sempre nos intuem, mostrando-nos as oportunidades de buscarmos respostas às nossas apreensões em Deus, mas, estamos tão assoberbados com as coisas materiais que esquecemos de tudo e tornamo-nos infelizes. Jesus aproveitou aquele momento do diálogo com Marta para mostrar-nos que muitas vezes deixamos a "boa parte" pelos desejos supérfluos.

Concluamos com a sapiência de Lacordaire[7]: "*O desapego aos bens terrenos consiste em apreciá-los no seu justo valor, em saber servir-se deles em benefício dos outros e não apenas em benefício próprio, em não sacrificar por eles os interesses da vida futura, em perdê-los sem murmurar, caso apraza a Deus retirá-los*".

> *Não importa se você é membro de determinada organização religiosa ou se não pertence a nenhuma delas, os sentimentos de amor pertencem à religiosidade que cada um desenvolve em seu íntimo.*

---

[1] XAVIER, Francisco Cândido. *Agenda Cristã*, pelo Espírito André Luiz, lição 35, p.112

[2] KARDEC, Allan. *O Evangelho segundo o Espiritismo*, Cap. 16, item 14.

[3] Mateus, 5:20.

[4] I João, 4:16.

[5] KARDEC, Allan. *O Evangelho segundo o Espiritismo*, cap. XVI, item 12.

[6] KARDEC, Allan. *O Livro dos Espíritos*, Q. 676.

[7] Id. Ibid. *O Evangelho segundo o Espiritismo*, Cap. XVI, item, 14.

2.5. Prejulgamentos

"Não julgueis para não serdes julgados".
Jesus – (Lucas, 6:37).

O parâmetro que utilizamos para fazer julgamento do próximo é fruto de um código pessoal de leis, elaboradas em experiências e conhecimentos adquiridos ao longo da vida, desta e de existências anteriores. Sendo um código pessoal, cada um cria o seu próprio sistema de medida, portanto, sempre diferente, das demais criaturas.

É de bom alvitre ter muita cautela quando se julga o próximo, pois uma simples opinião, quando deflagrada, pode acarretar danos irreparáveis. Todo juízo emitido em relação a terceiros é temerário, pois é preciso primeiro verificar o objetivo de quem faz o comentário. Sabe-se que, só podemos falar do próximo, diante de terceiros, aquilo que somos capazes de dizer na sua presença.

O problema não é "julgar", mas com que finalidade se julga. Quando Jesus recomenda "o não julgar" não pode ser interpretada essa sua recomendação na sua literalidade. Como profundo conhecedor da alma humana, sabia perfeitamente que o julgamento que se faz, quase sempre, dada à imaturidade das criaturas, tem objetivos escusos, no sentido de difamar, diminuir, vilipendiar o próximo. Isto é ruim porque, uma vez emitido um julgamento e este sendo divulgado, é difícil fazer a retificação. Há tempos, a imprensa noticiou o caso de uma escola infantil, em São Paulo, cujos proprietários estariam aproveitando-se sexualmente das crianças. A notícia espalhou-se e foi assunto de grande cobertura por vários jornais, revistas e televisão. A escola acabou, os denunciados foram desmoralizados, o trabalho de muitos anos foi tudo "por água abaixo". Ao final, após o término do processo judicial instaurado descobriu-se que eram "boatos", os proprietários foram inocentados; mas... e a dignidade daquelas pessoas? Não há dinheiro que repare os danos morais, as humilhações que essas criaturas foram submetidas, somente porque foram condenadas pela opinião pública, sem julgamento; vale dizer, "foram prejulgadas", simplesmente pela divulgação inconseqüente por quem a iniciou!

Pratica-se, às vezes, a maldade por ignorância, sem mesmo saber da extensão do resultado; no entanto, outras vezes, a maldade é planejada e calculada com intuito de prejudicar o próximo. No primeiro caso há atenuante diante do ato praticado, pelo desconhecimento. *Pai, perdoa; eles não sabem o que fazem!* Afirmou Jesus. No segundo caso, a ação é premeditada. Julga-se, neste caso, com o objetivo de denegrir, de humilhar; depois se esconde covardemente no anonimato. Quem assim age terá o seu próprio julgamento diante das Leis Divinas, plantadas na consciência. Desta nunca podemos fugir! Não se trata de "castigo" que teremos de Deus. Nada disso! O Senhor da Vida não castiga a ninguém! Nós é que nos torturamos quando "damos conta", pelo ato nefando praticado. Ludibriamos as leis dos homens, mas nunca o Tribunal de nossa própria consciência.

É bem conhecida aquela história contada pelo Espírito Irmão X, *Codificação Kardequiana*, na lição: Ontem, Hoje e Sempre..., por intermédio do nosso querido médium já de saudosa memória Chico Xavier, que retrata bem a ponderação que temos de ter diante de qualquer prejulgamento, venha ele de quem vier:

Os Três Crivos

Certa feita, um homem esbaforido achegou-se a Sócrates e sussurrou-lhe aos ouvidos:

— Escuta, na condição de teu amigo, tenho alguma coisa muito grave para dizer-te, em particular...

— Espera!... ajuntou o sábio prudente. Já passaste o que vais dizer pelos três crivos?

— Três crivos? – perguntou o visitante, espantado.

— Sim, meu caro amigo, três crivos. Observemos se tua confidência passou por eles. O primeiro, é o *crivo da verdade*. Guardas absoluta certeza, quanto aquilo que pretendes comunicar?

— Bem, ponderou o interlocutor, – assegurar mesmo, não posso...

— Mas ouvi dizer e... então...

— Exato. Decerto peneiraste o assunto pelo segundo crivo, o da *bondade*. Ainda que não seja real o que julga saber, será pelo menos bom o que me queres contar?

Hesitando, o homem replicou:

— Isso não...Muito pelo contrário...

— Ah! – tornou o sábio – então recorramos ao terceiro crivo, o da *utilidade* e notemos o proveito do que tanto te aflige.

— Útil?... – aduziu o visitante ainda agitado. Útil não é...

— Bem. Rematou o filósofo num sorriso – se o que tem a confiar *não é verdadeiro, nem bom* e *nem útil*, esqueçamos o problema e não te preocupes com ele, já que nada valem casos sem edificação para nós!...

Aí está meu amigo, a lição de Sócrates, em questão da maledicência...

Em certa ocasião Jesus alertou: "*Por que reparas no cisco no olho de teu irmão e não percebes a trave no teu*".[1] Ao invés da crítica destrutiva, vendo os pequenos erros do nosso irmão, fazendo julgamentos precipitados, deveríamos apreciar as qualidades boas que, afinal, todos possuem. Exercitemos nossos "olhos de ver", escolhendo **sempre** a "boa parte" e não nos fixando nos pequenos defeitos. Esquecemos, quase sempre, da nossa montanha de defeitos que ainda carregamos, pois, "*o homem fala daquilo de que o coração está cheio*", ensinou Jesus. Todo julgamento que fazemos deve estar revestido de indulgência para com as deficiências do próximo; busquemos ver para corrigir, auxiliar e não para denegrir. Procuremos ser severos sim, mas para conosco mesmos.

Brilhante é o apontamento de *Dufêtre*[2], referindo-se ao vício de apontar os defeitos do próximo: "Todos vós tendes maus pendores a vencer, defeitos a corrigir, hábitos a modificar; (...). Por que, então, haveis de mostrar-vos tão clarividentes com relação ao próximo e tão cegos com relação a vós mesmos? Quando deixareis de perceber, nos olhos de vossos irmãos, o pequenino argueiro que os incomoda, sem atentardes na trave que, nos vossos olhos, vos cega, fazendo-vos ir de queda em queda?" (...) O verdadeiro caráter da caridade é a modéstia e a humildade, que consistem em ver cada um apenas superficialmente os defeitos de outrem e esforçar-se por fazer que prevaleça o que há nele de bom e virtuoso, porquanto, embora o coração humano seja um abismo de corrupção, sempre há, nalgumas de suas dobras mais ocultas, o gérmen de bons sentimentos, centelha vivaz da essência espiritual".

"Todos vós tendes maus pendores a vencer, defeitos a corrigir, hábitos a modificar; (...). Por que, então, haveis de mostrar-vos tão clarividentes com relação ao próximo e tão cegos com relação a vós mesmos?"

---

[1] Mateus, 7:3-5.
[2] Bispo de Nevers. (Bordéus), em mensagem mediúnica no Capítulo X, item 18, de *O Evangelho segundo o Espiritismo*.

2.6. Aguardar solução, sem ação

"Muito bem, meu filho! Apaixone-se pelo trabalho,
embriague-se de serviço. Somente assim,
atenderemos à nossa edificação eterna".
(XAVIER, Francisco Cândido. Nosso Lar,
pelo Espírito André Luiz, lição 29).

É muito comum, nos dias atuais, encontrarmos crentes de diversas filiações religiosas recebendo orientações nos templos, que dizem bastar ao homem ter fé em Jesus para que o seu problema seja resolvido. É uma forma simplista de ampliar o quadro de adeptos; promete-se o chamado "milagre" para os problemas por que passa a criatura. Entregue-se a Jesus que ele é o Salvador!

Será que as Leis Divinas funcionam dessa maneira mesmo? Não há dúvida que a fé e atitudes positivas nos ajudam a mudar o nosso comportamento. Quando pensamos negativamente, o nosso organismo responde com descarga de hormônios que bloqueiam a imunidade do sistema físico, abrindo o caminho para as doenças. Ao contrário, estruturados na fé positiva, o efeito será de forma inversa.

Assim, alimentados na fé e em pensamentos positivos, o ser se otimiza, com esperança de conseguir vencer obstáculos; muda-se a forma-pensamento e o computador mental responde com força produtiva. Portanto, o melhor é nutrir a alma de idéias de otimismo, que de passividade, de doenças, de derrotas, de medo etc... Não se aprende coisas novas quando se acomoda aos padrões antigos, uma vez que estes não mais se adaptam à dinâmica das transformações. A pessoa se isola nos seus conceitos e crenças obsoletas e passa a viver o " seu mundo", à margem da evolução, desconecta-se da lei do progresso – que é condição da natureza humana. No entanto, esse isolamento será sempre temporário, já que a meta é o progresso e, segundo informam os Benfeitores da Humanidade, *o "homem sendo perfectível e trazendo em si o germe do seu melhoramento, não foi destinado a viver perpetuamente na infância"*[1]. O crescimento dos potenciais humano só se dará quando a criatura encarar as situações novas, desenvolvendo, por conseqüência, novas conexões mentais. A máxima: *"Nascer, morrer, renascer ainda e progredir sempre, tal é a lei"*, deve estar sempre presente nas nossas meditações.

Nem sempre aquilo em que acreditamos é verdade. Muitas vezes, o nosso comportamento está vinculado a determinados tipos de crenças que acumulamos ao longo de nossa caminhada evolutiva, mas com o tempo descobrimos que elas são falsas. Estas aprendizagens transmitidas pelas pessoas que nos rodeiam – pais, professores, orientadores religiosos – e mesmo por meio da imprensa falada, escrita e televisionada – quer sedimentadas nesta vida ou nas existências precedentes – passam a incorporar o rol de nossos hábitos, mas que, não suportam agora uma análise racional. Quando defrontamos com novos conceitos, não queremos aceitar de imediato, já que nossa visão poderá estar presa a determinadas crenças que julgamos, num primeiro momento, como certas. Aliás, temos medo de mudar, e isto suscita em nós uma certa angústia por pensarmos de outra forma. Parece que estamos traindo os decretos criados por nós mesmos para enfrentarmos determinadas situações e nos dá uma certa sensação de vazio e ansiedade. Esses comportamentos adquiridos foram assimilados como verdades absolutas, em razão das influências exteriores tidas como corretas. Isto é normal no processo de educação recebida; no entanto, se persistirmos na manutenção dessas "leis", não se submetendo à aprendizagem de comportamentos adequados, fatalmente congelamos o processo de crescimento dos nossos potenciais divinos, "aguardando o tempo passar".

"Do ponto de vista terreno, o ensinamento *Buscai e Achareis* é semelhante a este: *Ajuda-te, e o Céu te ajudará*. É o fundamento da *Lei do Trabalho* e, por conseguinte, da *Lei do Progresso*, uma vez que o progresso é filho do trabalho e que põe em ação todas as forças da inteligência do homem"[2].

O trabalho é o alimento da alma e ninguém pode viver sem ele. No passado não foi assim; só trabalhavam aqueles que eram relegados à condição de escravos. A história do trabalho humano é caracterizada pelo pavor. A palavra "trabalho" tem origem em *tripalium*, do latim, que era um instrumento de tortura composto de três paus. Trabalhar (*tripaliare*) nasceu com significado de torturar ou fazer sofrer. As pessoas livres permaneciam na inércia, sem nada fazer, "de papo pro ar", pois o trabalho era desonroso.

Está provado, cientificamente, que parar de exercitar as nossas conexões mentais leva à degenerescência das células neurônicas. Por isso, mesmo aqueles que almejam pela aposentadoria para "descansar" em *"dolce far niente"*, são candidatos sérios a antecipar a transferência para o mundo espiritual. Aliás, o termo "aposentadoria", quer dizer literalmente "ir para os aposentos", ficar em casa assistindo à televisão, às vezes brigando com a parceira, com os filhos, netos etc... ou "vigiando 30 horas por dia a vida alheia!"

Enquanto se tem objetivos, tem-se vida. Não é de bom alvitre parar sem fazer nada. Pode-se diminuir o ritmo de trabalho, em razão do natural desgaste físico, mas é preciso trabalhar sempre até o limite de nossas forças. Neste sentido, como Deus trabalha desde toda eternidade, ininterruptamente, afirma Jesus: *"Meu Pai trabalha até agora, e eu trabalho também"*. (João 5:17). No mundo espiritual, informa André Luiz que os Espíritos estão sempre em atividade, desempenhando as mais variadas funções e quanto mais evoluídos, maiores responsabilidades possuem.

Aquela idéia do "descanse em paz", grafada nas lápides dos túmulos, é pura fantasia. Conheço uma senhora, companheira de Doutrina Espírita, ciente deste objetivo que, já com idade bastante avançada, concluiu seu curso de magistério, não para exercer a profissão, mas pelo entendimento de que os conhecimentos aprendidos não se perdem. "Nesta encarnação servirá para ensinar aos meus netos", dizia ela, brincando, quando questionada. É um exemplo de trabalhadora, pois continua até hoje, repito de idade avançada, uma vez por semana, reunindo-se com outras senhoras para confeccionar enxovais para as mães carentes. É claro que não estamos sugerindo que as pessoas não se aposentem. Longe disso! Mas que continuem exercendo outros afazeres, exercitando suas atividades mentais em outras tarefas. Há tantas casas de benemerência necessitando de uma mão amiga, em que se pode inscrever como voluntário.

Os Benfeitores Espirituais enfatizam, entre outros ensinamentos, que sendo uma Lei da Natureza, o trabalho (...) é uma necessidade, (...) é toda ocupação útil, (...) é um meio de aperfeiçoar a inteligência, (...) tira o homem da infância intelectual, (...). E dizem ainda que, como "tudo trabalha na Natureza", ficar sem ocupação nenhuma, sem que dela ninguém se ocupe, permanecendo-se inativo, inútil, na ociosidade, a vida seria um suplício ao invés de ser benefício. Precisa-se dizer mais alguma coisa?

No livro "Nosso Lar", na Lição 29, no diálogo com D. Laura, benfeitora de André Luiz, exalta ela a importância do trabalho, aconselhando: *"Muito bem, meu filho! Apaixone-se pelo trabalho, embriague-se de serviço. Somente assim, atenderemos à nossa edificação eterna"*. Salvo os casos excepcionais da impossibilidade absoluta de exercer alguma ocupação, cada um deverá laborar na proporção de suas faculdades; lendo um livro edificante, fazendo pequenos afazeres, ajudando em uma casa assistencial, orando a Deus em prol da Paz no seio da família humana, e coisas do gênero... É importante habituar-se à meditação, à prece diária para a ligação constante com o Criador.

Não se aprendem coisas novas quando se acomoda aos padrões antigos, uma vez que estes não mais se adaptam à dinâmica das transformações.

---

[1] KARDEC, Allan, *O Livro dos Espíritos*, Q.776.
[2] Id. Ibid, *"O Evangelho segundo o Espiritismo"*, Cap. XXV, item 2.

3. Consumindo pensamentos alheios

"Com naturais exceções, todos adquirimos o costume de consumir os pensamentos alheios pela reflexão automática, e, em razão disto, exageramos as nossas necessidades, apartando-nos da simplicidade (...)".
(XAVIER, Francisco Cândido. Pensamento e Vida, pelo Espírito Emmanuel, p. 96).

Quando agimos de acordo com o que os outros pensam, desprezamos nossos potenciais divinos para viver de conformidade com as regras impostas e planejadas pelo grupo social. O principal objetivo de nossa estada na Terra é a evolução intelectual e o desenvolvimento de nossas virtudes. A par disso, e por conseqüência do processo evolutivo, trabalhamos para corrigir nossas imperfeições morais. Nesse caso, viver o que outro pensa, para agradar a quem quer que seja, é desprezar o seu próprio roteiro de vida. Na verdade, paralisamos nossas possibilidades para viver uma vida irreal.

Quando Jesus ensina: *"Assim resplandeça a vossa luz diante dos homens"*[1] convoca-nos para a edificação da luz própria em nosso interior, num processo de conversão do nosso "eu" no Reino de Deus, impresso em nosso santuário íntimo. Isto quer dizer que, muito embora possamos nos utilizar das "luzes alheias", não alcançaremos a nossa libertação, enquanto não desenvolvermos a nossa própria luz. Muitas vezes as pessoas se apegam à determinadas lideranças espirituais e esquecem de si mesmas, não se preparando para "andar com suas próprias luzes", quando num determinado momento tais orientadores, por um motivo ou outro se afastam de nosso contato, deixando-nos perdidos, sem força interior.

Se os nossos objetivos não são aqueles que estão vinculados às nossas necessidades para o momento, mas algemados aos pensamentos alheios, criamos, muitas vezes, fantasias e desejos supérfluos, que nos conduzem a uma inadequada adaptação ao nosso *modus vivendi* (modo de viver), apartando-nos da simplicidade. E, quando deixamos a simplicidade para viver na artificialidade dos supérfluos, adentramo-nos na zona perigosa da crueldade para nós mesmos, num processo injusto de autopunição, e, por conseqüência, ferimos o próximo pela incoerência das ações desordenadas.

Trata-se de um hábito negativo que anestesia a alma. Cada um é um, com seus objetivos, limitações e problemas. Somente executando as tarefas, de acordo com os próprios esforços e possibilidades, que os potenciais da alma irão desabrochar-se e a criatura construirá a própria história; este é um ato *sui generis* (pessoal), intransferível. Podemos ainda até espelhar-nos em bons exemplos, o que é importante; mas, como experiência não se transfere, cada um, de acordo com as conquistas já adquiridas, estrutura no arquivo existencial a própria aprendizagem. Assim, quem irá encarar os desafios do crescimento é a pessoa, servindo-se de suas próprias experiências, "não lendo pela cartilha alheia".

Na escola, o professor, ao ensinar, orienta o aluno, para que ele, em seu ritmo próprio e com base nas aprendizagens anteriores, construa o seu entendimento diante do assunto que se expõe. O professor não resolverá o problema para o aluno, dá "pistas" para que descubra por si mesmo a solução do problema. Caso contrário, não haverá crescimento.

Jesus, em seu trabalho de educador de almas, também procurava despertar nas criaturas a confiança de que cada um deveria ter em si mesmo. Mostrava que Deus está presente em nossa intimidade, em gérmen, e que o desenvolvimento desta semente será sempre fruto do trabalho de cada um. Embora no conceito das religiões dogmáticas queira-se transferir para Jesus as curas, eventualmente realizadas, jamais arrogou para si a autoria, mas sim condicionava à própria criatura, por seu ato de fé e de vontade. Tanto é verdade que em Nazaré, sua terra natal, Jesus *operou poucos milagres, por causa da falta de fé deles*.[2] Vale dizer, o "milagre" é um fato natural, sem derrogação das Leis Divinas e que está na dependência da fé de cada criatura.

Quando amadurecemos na fé, – não importando se religiosa ou não – somos impulsionados de força extraordinária, muitas vezes desconhecida, para a realização dos anseios e enfrentamento do inusitado, jorram-se energias de coragem de nossa usina interior, injetando ânimo para ação. Passamos a exercitar novos métodos e fazendo, no tempo certo, suscitar novos hábitos, em substituição às crenças que já não servem mais para as novas situações – removeremos montanhas! Esta fé não é prescrita por nenhum manual, porquanto, a sua conquista é algo pessoal que incorpora ao comportamento do ser. Lembramo-nos aqui da figura extraordinária do Evangelho, Maria de Magdala. Depois do contato com a Boa Nova, impulsionada pela fé inabalável nos conceitos amorosos ensinados pelo Mestre de Nazaré, muda o roteiro de sua vida, abandona os velhos hábitos, que não lhe traziam paz à alma, para segui-lo até o fim. Emmanuel, no livro *Caminho*,

Verdade e Vida, Lição 92, comentando sobre esta destemida mulher, assevera que: "dentre os vultos da Boa Nova, *ninguém fez tanta violência a si mesmo*; nem mesmo Paulo de Tarso, faria tanto, mais tarde, porque a consciência do apóstolo dos gentios era apaixonada pela Lei, enquanto a da obsidiada de Magdala, *pelos vícios*". Conhecia ela o fundo amargo dos *hábitos difíceis* de serem extirpados, amolecera-se ao contato das entidades perversas, permanecia *morta* nas sensações que operam a paralisia da alma.

A mensagem de Jesus reflete a força dinamizadora do Amor e da Verdade, mas que deve ser construída pelo esforço e persistência da criatura, pois, nada acontecerá se não sairmos do comodismo e da omissão, esperando que algo aconteça pela "graça" imerecida. Sendo portadores do gérmen da Vida, não aguardemos que "caia do céu" a solução, sem a busca efetiva dos objetivos. Pensar de outra forma é esquecermos que a aprendizagem é ato pessoal, e que não se realiza senão pelo esforço de cada um.

Muitas vezes encontramos a idéia simplista, disseminada entre várias crenças religiosas, que basta ter fé e entregar-se a Jesus e aí tudo se resolverá, sem nenhum esforço pessoal. Acreditar que o crescimento se dá dessa forma é impedir o desenvolvimento pessoal, que cada um deve empreender na conquista de seu crescimento. Como Deus habita em nós, quando temos fé em nosso potencial, significa, portanto, que temos fé em Deus, então já começamos a entrar na senda do Bem e da Luz... Aliás, Jesus incentivava os seus discípulos a conquistar o objetivo e não tão-somente aguardar a realização gratuita, dizendo: "Buscai e achareis".[3] Analogamente, podemos comparar a ação humana à água; esta quando parada é candidata à ferrugem e ao apodrecimento, mas, quando em movimento é alavanca que ergue o homem para frente e para o Alto!

Nesta linha de entendimento, André Luiz[4] assevera

que: "*O rio atinge seus objetivos porque aprendeu a contornar obstáculos*". O rio não foi conduzido, mas conduziu-se enfrentando as adversidades naturais do percurso, até atingir o mar. E Jesus ensina que, embora enfrentemos os percalços correspondentes, só venceremos se "perseverarmos até o fim". Diz ainda: *Trabalha que o céu te ajudará!* Vale dizer: trabalhando, brilhamos a pedra preciosa potencializada em nosso íntimo. E mais, transmite Jesus a existência dessa força ao assim nos ensinar; e Emmanuel reforça esse entendimento, advertindo-nos das conseqüências funestas em fixarmos "nos costumes de consumir os pensamentos alheios pela reflexão automática (...)".

O Mestre em várias passagens do Evangelho demonstrou-nos que somos portadores, em estado latente, desta força; e que a educação da alma deve se constituir no firme propósito de cada criatura, no seu processo de aprimoramento. É pela vontade que cada um aciona a força do pensamento, decidindo pela ação ou inércia. Ele não fez milagres, não curou a ninguém, sempre atribuiu a cura à pessoa dizendo de forma clara: *a tua fé te* salvou! Assim é que:

Diante da mulher hemorrágica, que sofria há doze anos, Jesus não arrogou para si a cura, mas na confiança e vontade daquela mulher, dizendo: "*Tem bom ânimo filha, a tua fé te curou*".[5] No caso da cura de um paralítico levado a Jesus, por quatro pessoas, ele exortou que tivessem muita fé; depois de transportá-lo por um buraco no telhado chegaram à sua presença. E Jesus, vendo-lhes a fé, disse ao paralítico: "*Filho, perdoado estão os teus pecados*". E depois, após diálogo com os escribas, que assistiam a tudo, disse ao paralítico: "*Levanta-te, toma o teu leito, e vai para tua casa. E levantou-se e tomando logo o leito saiu em presença de todos*".

Há também o caso de dois cegos, que seguindo a Jesus, pedem para curá-los. "Jesus disse-lhes: *Credes vós que eu possa fazer isto?* Disseram-lhe eles: Sim: Senhor! Tocou então os olhos dizendo: *Seja feito segundo a vossa fé. E os olhos se lhes abriram".*[6]

Diante da mulher adúltera, sugeriu aos acusadores que *"atirassem a primeira pedra quem estivesse sem pecado".* Como todos se afastassem um a um, disse à mulher: *onde estão os acusadores? Nenhum deles a condenou. Jesus disse: eu também não te condeno. Vá e não peques mais!*[7]

Pelo exposto, conclui-se que o crescimento é algo personalíssimo; que elaboramos em nossa estrutura mental de acordo com experiências adquiridas e que o hábito de *consumir o pensamento alheio,* de forma automática e, portanto, sem reflexão – leva-nos à estagnação. *"Nada foi inventado; tudo existe em estado latente, competindo ao homem procurar os meios de aproveitar as forças, que lhe oferece a natureza".*[8] Cada criatura, no processo evolutivo, irá de forma lenta, gradual e progressiva transformando seu arcabouço íntimo e dando maior dimensão às suas potencialidades.

> *Quando amadurecemos na fé (...) passamos a exercitar novos métodos e fazendo, no tempo certo, suscitar novos hábitos, em substituição às crenças que já não servem mais para as novas situações.*

---

[1] Mateus, 5:16.
[2] Mateus, 13:58.
[3] Mateus, 7:7.
[4] XAVIER, Francisco Cândido. *Agenda Cristã*, pelo Espírito Emmanuel, p. 111.
[5] Mateus, 9:22.
[6] Mateus, 9:28-30.
[7] João, 8:1-11.
[8] KARDEC, Allan. *Obras Póstumas*, p. 99.

4. O instinto da posse

> *"Estruturamos, assim, complicado mecanismo de cautela e desconfiança, para além da justa preservação, retendo, apaixonadamente, o instinto da posse e, com instinto da posse, criamos reflexos de egoísmo e do orgulho, da vaidade e do medo, com que tentamos inutilmente fugir às Leis Divinas (...)".*
> *(XAVIER, Francisco Cândido Pensamento e Vida, pelo Espírito Emmanuel, p. 96).*

Ao construir o hábito de viver "mascarando" a personalidade, tomando a forma que não representa o reflexo de nossa própria conquista, desviamo-nos do caminho que nos é próprio para viver a conquista dos outros, que é justa para estes por ter sido edificado com luta e sacrifício, o caminho de si mesmo; no entanto, para aquele que reproduz há apenas repetição, sem modificação das estruturas de aprendizagem.

Esse modo de viver alheio às responsabilidades pessoais, omitindo-se de desenvolver a semente da personalidade em estado embrionário, conduz a uma experiência artificial – sem esforço e sacrifício do labor da aprendizagem –, e, por conseqüência, organizam complicado mecanismo de cautela e desconfiança, para além da justa preservação.

Por ausência de experiência própria surge a insegurança, que cria obstáculo à realização das tarefas que lhe são destinadas, marcando a conduta pelo medo. E a fuga do enfrentamento dos problemas acarreta o engessamento da vontade necessária para seguir em frente, no burilamento do Eu espiritual.

A ausência de confiança reflete, na criatura, na luta para retenção da posse apaixonada pelos bens materiais, em escala cada vez mais intensa, como se eles fossem eternos, numa inversão de valores, que despertam, automaticamente, os instintos que se manifestam no orgulho, no egoísmo e na vaidade; com isso enganamos a nós mesmos e tentamos ludibriar inutilmente as Leis Divinas, gravadas em nossa consciência.

Como num filme cinematográfico, em que a história narrada é feita de quadros que se sucedem, ininterruptos, *a experiência que nos é peculiar, nesta ou naquela fase da vida, constitui-se de reflexos repetidos de nossos sentimentos, gerando idéias contínuas que acabam plasmando os temas de nossa luta, aos quais se nos associa a mente, identificando-se, de modo quase absoluto, com as criações dela mesma, à maneira da tartaruga que na carapaça, formada por ela própria, se isola e refugia.*[1]

Quantos sofrem invejosamente ao ver a pseudo prosperidade de muitas pessoas, cujas conquistas foram calcadas na impiedade e no egoísmo! Pobres criaturas que não vêem mais do que o curto espaço dessa rápida existência. Todos terão que prestar contas com a própria consciência, dos excessos conseguidos às custas do semelhante! Não olvidemos que "O homem não possui de seu senão aquilo que pode levar desse mundo"[2]; na realidade somos apenas usufrutuários e não proprietários definitivos. Um dia, voltaremos à Pátria Espiritual e tudo aquilo que adquirimos de bens materiais aqui fica. Nosso guia e modelo, Jesus, mostrando-nos as conseqüências do apego à posse e da preocupação desmedida com o dinheiro, orienta: *"Não ajunteis tesouros na terra, onde a traça e a ferrugem consomem, mas ajuntai tesouros no céu. Porque onde estiver o vosso tesouro, aí estará também o vosso coração".*[3]

Devemos entender que o "ajuntei tesouros no céu", está relacionado as nossas conquistas íntimas, com os valores eternos da alma. Isso se dá não pela inveja, ambição ou revolta por não ter o que os outros têm. O ter é sempre passageiro e o ser nos dá os tesouros da alma. "Beleza física, poder temporário, propriedade passageira e fortuna amoedada podem ser simples atributo da máscara humana, que o tempo transforma, infatigável".[4]

Saliente-se, todavia, que a riqueza conquistada no suor do trabalho e pela dignidade de conduta é recurso fraternal, que se expande e oferece condições de trabalho aos companheiros de jornada, operando a prosperidade e o progresso da sociedade. Em si, o dinheiro é neutro, tanto é recurso para a prática do bem como para a do mal. Não pode, no entanto, ser ele fonte geradora do egoísmo, do orgulho e da vaidade, fugindo a criatura inutilmente das Leis Divinas. O nosso costume de querer ter, sem a conquista meritória, leva-nos ao hábito de desejar cada vez mais, numa busca incontida de possuir além do necessário ou da justa preservação. Entendendo o sentido real da posse, Paulo, adverte: "Sejam vossos costumes sem avareza, contentando-vos com o que tendes; porque ele disse: não te deixarei, nem te desampararei".[5]

Devemos entender que o "ajuntei tesouros no céu", está relacionado às nossas conquistas íntimas, com os valores eternos da alma.

---

[1] XAVIER, Francisco Cândido. *Pensamento e Vida*, pelo Espírito Emmanuel, p. 92-93.

[2] KARDEC, Allan. *Evangelho Segundo o Espiritismo*, Cap. XVI, item 9.

[3] Mateus, 6:19-21.

[4] XAVIER, Francisco Cândido. *Fonte Viva*, pelo Espírito Emmanuel, lição 179, p. 394.

[5] Hebreus, 13:5.

5. Aprendizes ausentes do dever...

> *"(...) caminhando, na maioria das circunstâncias, como* **operários distraídos e infiéis** *que desertassem da máquina preciosa em que devem servir gloriosamente, para cair, sufocados ou inquietos, nas engrenagens que lhes são próprias".*
> (XAVIER, Francisco Cândido. Pensamento e Vida, pelo Espírito Emmanuel, p. 96).

Criamos o próprio destino pela nossa ação. Quando deixamos de cumprir com o dever, caímos na vala comum da ociosidade e caminhamos sem objetivo pela rua das ilusões sem fim; criamos hábitos negativos, fugindo das responsabilidades que nos estão afetas e desertamos voluntariamente da construção efetiva de nossa espiritualidade. Agimos como operários negligentes na atividade do trabalho a que estamos vinculados; ao invés de operar a máquina de trabalho, onde ganhamos o nosso sustento com interesse e seriedade, para que possamos produzir o máximo, trazendo o progresso a nós mesmos, à empresa e à sociedade, pelo contrário agimos com irresponsabilidade e desinteresse. Cairemos, fatalmente, pelo descuido, nas engrenagens da máquina do trabalho, acarretando conseqüências muitas vezes fatais.

Todos nós, ao reencarnarmos, estamos matriculados na escola da vida e o processo de aprendizagem se dá continuamente, nesta ou em existências posteriores, até atingirmos a condição de Espíritos Puros. Semelhante ao operário manejando a sua máquina, assumimos compromissos com a bênção do renascimento, que nos oportuniza com os meios para nos educarmos, libertarmos e progredirmos. O crescimento ou o estacionamento vai depender do interesse de cada um; podemos brilhar os nossos potenciais, se bem aproveitarmos as oportunidades, ou então, podemos descambar pelos caminhos da viciação, da desonestidade, da vaidade etc., o que nos levará a cair na engrenagem dos próprios erros, perdendo a grande oportunidade que nos concede as Leis Maiores para voltarmos ao palco da experiência terrena, com o objetivo de evoluir e corrigir as mazelas de nossas imperfeições. Assim, quando retornarmos ao mundo espiritual, se não utilizamos bem o tempo, seremos categorizados como desertores do dever, com a obrigação de repetir a lição, muitas vezes, nem sempre nas mesmas condições atuais.

Vale dizer, agir imprevidentemente no terreno da inatividade, sem objetivos nobres, desprezando a bênção do retorno, para trabalhar e crescer no terreno do bem, é criar "armadilhas" para si mesmo, é cair nas engrenagens daquilo que produziu. *"Todos nós somos compulsoriamente envolvidos na onda mental que emitimos de nós, em regime de circuito natural"*.[1] De outra forma, passamos a viver sempre no ambiente e nos pensamentos criados por nós mesmos. E na proporção da força dos nossos sentimentos e pensamentos acumulamos cargas energéticas que, dependendo do potencial de sua emanação do bem ou do mal, podemos vitalizar ou destruir, mas, que fatalmente, pela lei natural retornará à fonte geradora, que no caso somos nós mesmos.

O ser humano necessita, na esteira de sua caminhada rumo à perfeição, encarar o dever como uma sujeição necessária no cumprimento das responsabilidades, em consonância com princípios das Leis Divinas, como condição *sine qua non* (indispensável) para o desenvolvimento da individualidade; o não cumprimento estaciona o Espírito em sua evolução, atrasando-o para o alcance da felicidade, que é uma conquista pessoal. Seguindo esse entendimento, Waldo Vieira ensina que: "O cumprimento do dever, criado por nós mesmos, é a lei do mundo interior a que não poderemos fugir".[2]

Quando deixamos de exercitar o bem, entramos na faixa da neutralidade de ação, colocando-nos na condição de devedores, ou seja, o não-cumprimento do dever é sinônimo de omissão. Quando questionados por Kardec,[3] "se seria suficiente não se fazer o mal, para ser agradável a Deus e assegurar uma situação futura, os Benfeitores Espirituais foram categóricos:

> — "Não: é preciso fazer o bem, no limite de suas forças, pois cada um responderá por todo o mal que tiver ocorrido por causa do bem que deixou de fazer".

Não adianta dizer que não faz o mal a ninguém, julgando que isso seja o bastante: erra-se também por omissão. Todos nós, na nossa caminhada evolutiva, temos o dever de acionar os nossos reflexos mentais no bem. É preciso que façamos o bem no limite de nossas possibilidades, já que na omissão cruzamos os braços, e não fazer o bem equivale à situação do trabalhador ocioso que deixou de cumprir o dever perante as Leis Eternas. Todos somos convocados a ser co-partícipes na obra do Criador. *"Podemos simbolizar o dever como sendo uma faixa de ação no bem que o Supremo Senhor nos traça à responsabilidade, para a sustentação da Ordem da Evolução em sua Obra Divina, no encalço de nosso próprio aperfeiçoamento".[4]*

Por essa razão, a criatura não deve se desertar dos

seus deveres para com a Lei de Deus, mesmo diante das dificuldades, aparentemente invencíveis. O desenvolvimento das virtudes, é bem semelhante ao botão de flor, que desabrocha no tempo certo e exalará o seu perfume, espargindo o seu bálsamo a todos. Se, porém, por negligência, optarmos pelo abandono das obrigações a que estamos vinculados, fugindo da oportunidade da aprendizagem necessária, sentiremos o "alerta" de nossa consciência, mostrando-nos que algo não anda bem; inicialmente, serão sensações de tristezas e angústias, mas que, posteriormente, poderá culminar com enfermidades, obrigando-nos o retorno para a trilha da normalidade, muitas vezes pela presença necessária da dor.

É bom entendermos que a nossa vida, mesmo que não percebamos, pertence a todos os nossos circunstantes, pois como adverte Paulo, em Carta aos Romanos[5], "Ninguém vive para si". Daí ensina Lázaro: "O dever é a obrigação moral da criatura para consigo mesma, primeiro, e, em seguida, para com os outros. O dever é a lei da vida". "(...) O homem que cumpre o seu dever ama a Deus mais do que as criaturas e ama as criaturas mais do que a si mesmo".[6] Devemos, pois, vigiar o nosso mundo íntimo, sendo que estamos sempre com nossos gestos, palavras e ações influenciando pessoas. Que bom se conseguíssemos influenciar para o bem o maior número de criaturas! Muitas vezes, porém, em razão da imaturidade, ocorre o contrário; perturba-nos, de tal sorte o nosso roteiro que não apenas desarmonizamos as peças da nossa atual existência, como também criamos embaraços a muitas vidas que encontramos em nossa caminhada, no relacionamento social.

Quando deixamos de exercitar o bem, entramos na faixa da neutralidade de ação, colocando-nos na condição de devedores, ou seja, o não-cumprimento do dever é sinônimo de omissão.

---

[1] XAVIER, Francisco Cândido. *Palavras de Vida Eterna*, pelo Espírito Emmanuel, p. 50.

[2] VIEIRA, Waldo. *Conduta Espírita*, pelo Espírito André Luiz, cap. 19, p. 75.

[3] KARDEC, Allan. *O Livro dos Espíritos*, Q. 641.

[4] XAVIER, Francisco Cândido. *Pensamento e Vida*, pelo Espírito Emmanuel, p. 100.

[5] Romanos, 14:7.

[6] KARDEC, Allan. *O Evangelho segundo o Espiritismo*, Cap. XVII, item 7.

6. Sob o domínio da ignorância

"Nesse círculo vicioso, vive a criatura humana, de modo geral, sob o domínio da ignorância, procurando enganar-se depois do berço, para desenganar-se depois do túmulo, aprisionada no binômio ilusão-desilusão com que despende longos séculos, começando e recomeçando a senda em que lhe cabe avançar".
(XAVIER, Francisco Cândido. Pensamento e Vida, pelo Espírito Emmanuel, p. 96-97).

Diante do ciclo vicioso de costumes negativos já cristalizados no ser, por longo tempo, dificulta o Espírito a transformações repentinas, uma vez que estas são sempre aparentes e, usando expressão de Léon Denis "a Natureza não dá saltos"; razão pela qual uma única existência corporal é insuficiente para as correções necessárias à conquista do aperfeiçoamento; "(...) jamais apagaremos, de um momento para outro, características que foram nossas durante séculos. Não podemos duvidar disso: a transformação interior jamais será repentina, pois não se desfaz em alguns pares de anos uma atitude milenar (de egoísmo ou orgulho) ou um forte condicionamento que perdure por existências seguidas".[1] Temos para evoluir, portanto, a bênção das oportunidades através de um novo berço que, com exceção dos Espíritos Luminosos que voltam à Terra com objetivos missionários, reflete sempre os reflexos da nossa existência anterior. Trazemos em nosso equipamento espiritual, quando aportamos no berço do renascimento, as nossas virtudes, bem como as deficiências de que ainda somos portadores.

A bondade de Deus nos permite que retomemos as atividades não concluídas, bem como os "acertos" com as criaturas com as quais falhamos, objetivando a correção dos desvios cometidos. Os nossos hábitos desordenados e malsãos não se apagam com o desencarne; continuam tão vivos, quanto antes. Desta forma, ao invés das chamadas penas eternas e irremissíveis, apregoadas pelas igrejas dogmáticas, Deus nos concede uma nova oportunidade da correção, por meio das bênçãos da reencarnação, requerendo de cada um de nós um novo roteiro de vida.

Em razão dos débitos cometidos nas existências pretéritas, o nosso berço será exatamente aquele de que necessitamos para a restauração de nossa normalidade, diante da Lei Maior. Na bênção do reencontro nossos companheiros de experiências voltam ao palco da luta, para que possamos, juntos, encontrar a solução para os conflitos não equacionados. O aproveitamento da oportunidade que nos é concedida é condição para que consigamos aparar as arestas do desentendimento, refazendo o crescimento espiritual.

Muito embora, se interprete como ruim os obstáculos que aparecem na caminhada evolutiva nem sempre são necessariamente negativos. Essas barreiras, dentre outras, se expressam em forma de solidão, desencontros, crises, doenças, mas são, na realidade, testes necessários para o caminho da libertação e harmonia da alma. O importante é a superação desses óbices, enxergando além das aparências, ou seja, entendendo os "porquês" de sua manifestação no roteiro de evolução pessoal. Extraímos, quase sempre, lucros eternos de obstáculos temporários, porque são eles os mestres na educação da alma.

Como "Deus é amor", e fomos criados na *simplicidade e na ignorância*, isto é, imperfeitos, nada mais natural que, esse processo de enganos-desenganos, ilusão-desilusão ocorra na trajetória de nosso crescimento espiritual. Não há solução mágica diante das Leis de Deus. Se fomos criados para, no decorrer de milênios, alcançar a purificação da alma haveremos de começar e recomeçar, ao longo dos séculos, inúmeras existências físicas. Se assim não fosse, seríamos criados perfeitos. Mas Deus quer que todos alcancem a perfeição por méritos próprios. Não há, portanto, perdão, castigo, prêmio, culpa etc..., artifícios muito utilizados pelas religiões para prender seus adeptos através do medo. Ou Deus é amor ou é temor! Dentro da lógica e fé raciocinada do Espiritismo: – Deus é amor! E, assim sendo sempre teremos novas oportunidades de reajuste, pois não se leva em conta o tempo em que não entendíamos os nossos atos.

No dizer de Jesus, segundo Mateus: *"Qual dentre vós é o homem que, pedindo-lhe o pão o filho, lhe dará uma pedra? Ou, pedindo-lhe o peixe, lhe dará uma cobra? Ora, se vós, sendo maus, sabeis dar boas coisas aos vossos filhos; quanto mais vosso Pai, que está nos céus, dará boas coisas aos que lhes pedirem?".*[2] Dessa forma, Deus, que é amor, estará sempre nos aguardando no tempo certo, para que, pela maturidade, "caiamos em si" e voltemos para Ele. Voltar para Ele, na realidade, é o despertar da criatura para o retorno à Casa do Pai, isto é, sairmos da ignorância e vivermos de acordo com as Leis de Deus, gravadas na consciência. *"A terra por si mesma produz fruto, primeiro a erva, depois a espiga, e por último o grão cheio na espiga".*[3]

> *Não há solução mágica diante das Leis de Deus. Se fomos criados para, no decorrer de milênios, alcançar a purificação da alma haveremos de começar e recomeçar, ao longo dos séculos, inúmeras existências físicas.*

---

[1] FOELKER, Rita. *Força Interior*, p. 64.
[2] Mateus, 7:7-11.
[3] Marcos, 4:28.

7. Rotina construtiva

"Não será lícito, porém, de modo algum, desprezar a rotina construtiva. É por ela que o ser se levanta no seio do espaço e do tempo, conquistando recursos que lhe enobrece a vida".
(XAVIER, Francisco Cândido. Pensamento e Vida, pelo Espírito Emmanuel, p. 97).

Os nossos costumes sadios caracterizam a nossa "rotina construtiva" e são elementos extremamente benéficos e poderosos na nossa evolução espiritual, exteriorizando a manifestação do nosso Eu Divino. Como temos dissertado até aqui, sobre hábitos prejudiciais, dá-se a impressão, à primeira vista, que, no geral, eles não são úteis no processo da aprendizagem humana. Longe disso. São de suprema importância, de tal sorte que, segundo o psicólogo Willian James, "noventa e nove por cento de nossa atividade é puramente automática e habitual, desde que nos levantamos pela manhã, até que vamos dormir". Ao longo de nossa evolução muitos hábitos úteis e sadios foram incorporados em nosso comportamento e que são valiosos instrumentos no desenvolvimento de nossas atividades.

Por ser automático, pode-se afirmar que o hábito é um grande mecanismo de adaptação; confere ao organismo maior plasticidade, facilita realizações mais rápidas, em atendimento às nossas necessidades. Graças a ele aprendemos a falar, escrever, estudar, trabalhar etc. Ações automatizadas evitam o eterno recomeçar, economizando, portanto, ações inúteis, que podem ser utilizadas em outras atividades.

Os bons hábitos são conquistados e acumulados pela repetição contínua dos mesmos atos, ao longo da vida, pela influência benéfica dos pais, educadores, grupos sociais etc. Não são acumulados, todavia, só nesta existência, mas, também, mediante ações praticadas em várias vivências pretéritas. Daí, podermos afirmar que somos, portanto, herdeiros de nós mesmos, por meio de hábitos adquiridos. Se bons, uma vez fixados pela educação, contribuem sobremaneira para o progresso construtivo e agilidade nas conquistas enobrecedoras da vida.

A prática dos ensinamentos morais contidos nos Evangelhos, por serem universais, liberta o homem dos vínculos que os prendem aos velhos e carcomidos conceitos do passado, adquiridos na longa caminhada das existências anteriores, evidenciando a necessidade de uma nova postura diante de si, e em relação aos circunstantes. Refletindo constantemente em suas lições, conduzimo-nos à prática sadia de hábitos no bem, desenvolvendo atitudes positivas que nos conduzirão à felicidade. Não somos apenas corpo físico! Jesus nos chama a atenção para o fato de que somos seres espirituais em estágios no grande laboratório da Terra, afirmando: *Vós sois o sal da Terra... Vós sois a luz do mundo... Resplandeça a vossa luz... Vós sois deuses.*

Entendamos, por conseqüência, que os hábitos no bem são conquistas adicionadas ao nosso comportamento sempre por meio de enormes esforços e vontade perseverante em domar nossas más tendências, encontrando a paz no dever cumprido, junto aos nossos semelhantes. Jamais é conseguido sem empenho na transformação moral de nossas ações. As ações praticadas no bem transformam-se com o tempo em hábitos, que por conseqüência moldam o nosso caráter.

Muitas vezes, defrontamo-nos com criaturas totalmente identificadas com o bem, denotando firmeza de caráter, que, aparentemente, nada fizeram para atingir essa condição como se fosse uma dádiva divina. Fazem o bem sem qualquer esforço, com naturalidade; outras lutam contra si mesmas, combatendo sua natureza ainda repleta de ansiedades e angústias.

Esta questão foi analisada pelos Mensageiros Espirituais, em questionamento feito por Kardec[1]:

Q. 894. *Há pessoas que fazem o bem espontaneamente, sem que precisem vencer quaisquer sentimentos que lhes sejam opostos. Terão tanto mérito, quanto as que se vêem na contingência de lutar contra a natureza que lhes é própria e a vencem?*

"Só não têm que lutar aqueles em quem já há progresso realizado. Esses lutaram outrora e triunfaram. Por isso é que os bons sentimentos nenhum esforço lhes custam e suas ações lhes parecem simplicíssimas. **O bem se lhes tornou um hábito.** Devidas lhes são as honras que se costumam tributar a velhos guerreiros que conquistaram seus altos postos".

Tal condição em que "o bem se tornou um hábito" constitui-se numa exceção em nosso mundo terreno – ainda de provas e expiações – o que causa certa admiração quando alguém desponta na multidão, como verdadeiro homem de bem; no entanto, em outras "moradas" mais adiantadas é regra de conduta. Dizem os Mentores Sublimes que nesses mundos mais evoluídos o sentimento no bem é sempre espontâneo, porque só os bons lá habitam, constituindo-se em exceção uma só intenção maligna. O hábito no bem é, portanto, regra nesses mundos. Com a prática da verdadeira Caridade aqui na Terra, cada um de nós conseguirá transformar, também, a exceção em regra de conduta no bem.

Quando nos inspiramos nas ricas mensagens dos iluminados Espíritos Superiores, repletas de conforto e consolação, tenhamos em mente que para atingir esta condição de orientadores da Humanidade tiveram eles, assim como nós que palmilhar os difíceis caminhos da imperfeição, vencendo suas impurezas. Quantas dores, angústias e sofrimentos tiveram que enfrentar, quantos estudos, paciência e resignação, quanta perseverança tiveram que demonstrar para chegar na posição de Espíritos luminosos!

Concluamos com o alerta de Emmanuel, em relação à importância de utilizarmos sempre dos bons hábitos, que ele denomina de "rotina construtiva", que jamais devemos desprezar, pois: "É por ela que o ser se levanta no seio do espaço e do tempo, conquistando recursos que lhe enobrece a vida".

Dentre inúmeros "bons hábitos" que devemos cultivar incorporando-os em nosso comportamento, comentaremos, nas lições a seguir, sobre cinco deles sem qualquer ordem de prioridade, os quais julgamos de importância fundamental para a nossa felicidade.

Entendamos que os hábitos no bem são conquistas adicionadas ao nosso comportamento sempre por meio de enormes esforços e vontade perseverante em domar nossas más tendências.

---

[1] KARDEC, Allan. *O Livro dos Espíritos*, Q. 894.

7.1. Fazer o bem sempre

"Quantas pessoas já o fazem e ninguém sabe, pois agem no anonimato atendendo os irmãos do caminho, tendo como galardão o bem estar íntimo, que se expressa em regozijo intraduzível do coração pela felicidade do servir".

Sendo o hábito a execução mecânica de determinados atos, a sua aquisição, no entanto é fruto de exercício em determinada atividade de forma contínua. Seja lá qual for o campo de atividade, para se habituar à prática de determinado ato é necessário *vontade* e *persistência*. Dessa forma, para acostumar-se a fazer o bem o Espírito, depois de várias ações no mesmo sentido, é premiado com a recompensa da felicidade, pois, o ato de servir desencadeia, no recesso do ser, uma alegria incontida que só mesmo o dinamismo de auxiliar é capaz de proporcionar.

É claro que, para chegar a agir espontaneamente, nesse estágio de fazer o bem, passamos por etapas de aprendizagem. Vamos sentindo pela prática a diferença no estado d'alma, entre estar em antagonismo e/ou conectados com as Leis de Deus. O resultado da ação na prática virtuosa, renovando sempre os valores espirituais, traz ao seu autor uma paz singular, pois "fazer o bem" é estar em contato com a vontade de Deus, que se manifesta em nosso Reino Interior por estarmos em harmonia com suas Leis Sábias e Eternas. O apóstolo dos gentios, Paulo de Tarso, em sua

Carta aos Romanos, 12:2, estimula a criatura a essa transformação, no sentido do exercício da renovação diária, ensinando: *"... Transformai-vos pela renovação da mente, para que proveis qual é a boa, agradável e perfeita vontade de Deus"*. Vale dizer, quando estivermos executando nossas ações, sempre tendo por meta o bem, despertamo-nos para a vida superior e por conseqüência entendemos qual é a vontade de Deus, em relação a nós.

Kardec, enaltecendo a importância da vontade firme na consecução de objetivos nobres, elucida que: *"Reconhece-se o verdadeiro espírita por sua transformação moral e pelos esforços que faz para dominar suas más tendências"*. A ação no bem, de forma automática, é conseqüência do despertar da vontade na criatura em eliminar suas más tendências, transformando-se moralmente; esta mudança trabalhada conscientemente permite-nos, gradativamente, a sublimação de nossos potenciais divinos, expandindo nova visão espiritual até o automatismo na prática do bem.

O Evangelho segundo o Espiritismo nos alerta para que, ao fazer o bem procuremos fazê-lo ocultamente, sem exibicionismo, pois isto agrada a Deus, por tratar-se de um ato de elevação moral. No entanto, como o processo de aquisição do *hábito de fazer o bem* não é instantâneo, entendemos que, mesmo assim agindo, mesmo buscando na ação "caridosa" o aplauso dos homens – pois este ainda é o estágio em que se encontra – além de estar beneficiando o necessitado, estará exercitando os primeiros passos no despertar do *gérmen divino* do amor, ainda em estado latente, que com o tempo, através da elevação moral, terá despertado o prazer de servir sem interesses secundários. Não nos esqueçamos que somos seres em evolução e, pelo livre-arbítrio, vamos escolhendo os nossos caminhos, errando aqui, acertando acolá, até praticarmos o bem sem interesse outro senão o prazer de ser útil e partícipe na obra da criação.

Comecemos portanto, a exercitar a prática do bem sem interesse de retorno do beneficiado, mas tão-só pelo prazer sem paralelo de ajudar na recuperação do necessitado. O campo é enorme: aqui encontramos um enfermo sem possibilidades de tratamento; ali uma criança necessitada de proteção; acolá o desabrigado, os doentes, os famintos etc...Cada um poderá fazer sua parte. Quantas pessoas já o fazem e ninguém sabe, pois agem no anonimato, atendendo aos irmãos do caminho, tendo como recompensa o bem estar íntimo, que se expressa em regozijo intraduzível do coração pela felicidade do servir.

Na prática da beneficência o Espírito, quando atinge o grau da maturidade, não discrimina a ninguém, auxilia desinteressadamente a todos, pouco importando se pertence ou não à sua filiação religiosa ou política; a prática do bem só para "os seus", portanto de caráter exclusivista, exterioriza ainda o egoísmo do espírito de seitas que tanto mal têm causado. E como vemos isto nos dias de hoje, essa discriminação tola, principalmente no campo da religião, como se a pessoa valesse pela crença que professa!

Precisamos no exercício da beneficência, sempre que possível, não se prender apenas à idéia do auxílio material, mas estender também para o terreno moral. O desenvolvimento moral exterioriza-se no diálogo fraterno, na visita ao doente, no aconselhamento, na oração ao desesperado etc..., em algo que desperta na pessoa sua auto-estima, a fé no poder em si e em Deus, que não abandona nenhum de seus filhos. No entanto, com isso não queremos dizer que não devemos amparar o irmão desvalido, que naquele momento necessita do pão, do remédio ou do agasalho. Não adianta só aconselhar e orar senão suprir, naquele momento, as necessidades materiais.

Lembro-me, em certa ocasião, quando estávamos na

Casa Espírita, estudando, com as portas fechadas, pois não era horário de atendimento, quando alguém de semblante abatido, olhar desesperador, bateu à porta e solicitou-nos que lhe transmitisse um "passe". Pedimos auxílio aos Mentores Espirituais e oramos ao Pai Celeste em favor do imprevisto visitante. Depois da transmissão da energia mantivemos um diálogo por alguns minutos com o companheiro, falando sobre o amor de Deus para com todas as criaturas fazendo-o ver que nada está perdido e que sempre há uma réstia de esperança, mesmo nos momentos mais difíceis. Já calmo e ao despedir-se afirmou agradecido: "Hoje eu ia me suicidar, mas agora mais calmo e tranqüilo, estou me sentindo mais leve e confiante em Deus. Obrigado, senhor". E foi embora. Nunca mais o vimos. Eis aí um ato de beneficência sem qualquer atendimento material; tivemos a felicidade de ser um dos inúmeros intermediários da manifestação do amor de Deus, com auxílio dos Espíritos àquele transeunte.

Não há quem não possa fazer o bem, já que sua prática está vinculada ao amor. O amor ao próximo como a nós mesmos, nos leva à prática do bem, sem qualquer interesse mundano. Realizar o *bem espontaneamente*, pela força do hábito, é a meta a ser atingida por todos. Experimentamos alegria porque agimos desinteressadamente em sintonia com as Leis Divinas. Não nos esqueçamos que só alcançamos a felicidade quando perseveramos na prática espontânea do bem.

Realizar o bem espontaneamente, pela força do hábito, é a meta a ser atingida por todos.

7.2. Exame de consciência

"Todos temos – independente de crença – a mais importante de todas as religiões: a 'consciência', que é a Lei de Deus em nós. Somos, confiando em nós mesmos e em Deus, o operário de nossa construção evolutiva".

Em resposta à questão 621, de *O Livro dos Espíritos*, Kardec pergunta onde está escrita a lei de Deus, e os Mensageiros Sublimes responderam, categoricamente: "Na consciência". A Justiça de Deus está gravada na consciência de todas as criaturas.

A consciência é o juiz incorruptível, que nos responde sempre quando nos desviamos das Leis Divinas. Esse magistrado é o *grão de mostarda*, o *tesouro escondido* que Jesus chamou de Reino de Deus em nós. Quando, em razão do nosso livre-arbítrio, erramos – surge a dor – em forma de remorso, angústia, ansiedade, tristeza –, não como castigo, mas como terapia necessária para o retorno à normalidade do equilíbrio, perante às Leis da Consciência. Independentemente de a criatura estar vinculada a uma crença ou então, não possuir nenhuma, o amor de Deus encontra-se em nossa consciência, sempre pronto a nos receber; semelhante ao simbolismo da Parábola do Filho Pródigo, citada por Lucas, que, em meio ao sofrimento por que passava, retorna à casa do Pai (volta a conectar-se com as Leis da consciência), e este, envolvido de profunda emoção, manifesta: "(...) *este meu filho estava morto e reviveu, tinha-se perdido e foi achado*".[1]

Às vezes o ser humano, nas atividades em que lhe são afetas, está mais preocupado com a opinião das forças externas do que propriamente com a aprovação do seu juiz interior, que é a sua "consciência". Vive-se para o exterior e prescinde-se da consulta ao seu Interior. Jesus, quando do Seu contato com a mulher samaritana, no poço de Jacó, alertara que, *"aquele que beber da água que eu lhe der jamais terá sede"*. E, em resposta à dúvida quanto ao lugar que se deve adorar a Deus, "se era neste monte ou Jerusalém, arremata dizendo:" (...) *que os verdadeiros adoradores adorarão o Pai em espírito e em verdade"*.[2]

Isto quer dizer que temos que prestar contas de nossos atos, no altar de nossa consciência, onde Deus plantou suas leis, pouco se importando com aquelas leis criadas pelas religiões, como se fossem "palavras de Deus". Paulo, em Carta aos Gálatas, 1:10, afirma que: *"Se estivesse ainda agradando aos homens, não seria servo do Cristo"*. Todos temos – independente de crença – a mais importante de todas as religiões: a "consciência", que é a Lei de Deus em nós. Somos, confiando em nós mesmos e em Deus, o operário de nossa construção evolutiva.

Afinal, quando começa o despertar da consciência? No momento da humanização, ou seja, desde o *princípio inteligente*, que depois de estagiar pelos vários reinos anteriores, desde os unicelulares, adquire o livre-arbítrio transformando-se em Espírito. O Espírito, *neste período da humanidade, e com este a consciência de seu futuro, adquire a distinção do bem e do mal e a responsabilidade de seus atos"*. (Q. 607-a) ". Os Espíritos, na sua origem, assemelham-se a crianças ignorantes e sem experiências, por isso "(...) *Enquanto ensaiam para vida, antes que tenham* **plena consciência** (grifamos) *de seus atos e estejam no pleno gozo de* *seu livre-arbítrio atuam em certos fenômenos"*. (Q. 540, de OLE).

Assim, os Mensageiros Superiores respondendo à pergunta do Codificador (Questão 122 de OLE), no sentido de como os Espíritos podem escolher entre o bem e o mal, quando não têm plena consciência de si mesmo, dizem que o livre-arbítrio se desenvolve à medida que o Espírito adquire consciência de si mesmo. Vale dizer: o processo é gradativo e à medida que o Espírito vai amadurecendo adquire, na mesma proporção, consciência de si mesmo, tornando-se mais livre.

Com o passar do tempo, mesmo que presos a determinados costumes e tradições, que indicam rotineiramente determinados itinerários para a solução do problema, o ser consciente é capaz de buscar a resposta para suas inquietações no templo da alma. Aprende a importância da prece para contatar com as forças superiores e aguardar a resposta, silenciosamente.

Santo Agostinho em mensagem mediúnica, no item V, do capítulo XII, sobre a Perfeição Moral em *O Livro dos Espíritos,* nos alerta sobre a necessidade de conhecermos a nós mesmos, como meio eficaz para melhorar na vida e resistir ao arrastamento do mal, e ensina:

"Fazei o que eu fazia quando vivia na Terra: ao fim do dia, interrogava a minha consciência, passava revista ao que fizera e perguntava a mim mesmo se não faltara a algum dever, se ninguém tivera motivo para de mim se queixar. Foi assim que cheguei a me conhecer e a ver o que em mim precisava de reforma".

Da mesma forma, devemos todas as noites fazer o nosso exame de consciência, perguntando:

Cumpri com todos os meus deveres, nesse dia?

Dei motivo para alguém ter queixa justa de mim?

Fui educado com todos com quem mantive contato?

Exerci com lisura minhas atividades profissionais?

Fui cidadão correto, pai compreensivo, esposo amável?

Fui sogra irritante?

Fui genro preguiçoso?

Fui nora indolente?

Fui adolescente "aborrescente"?

Aquilo que fiz receberia censura de minha parte se fosse feito por outra pessoa?

Pratiquei alguma ação que teria vergonha de confessar a terceiros?

Chi lo sà? (Quem o sabe?)

Essa prática de se fazer um exame de consciência, ensinado por Santo Agostinho, no final de cada dia é hábito salutar que devemos cultivar, pois nos trará repouso se fizemos o bem; e angústia e tristeza se praticamos o mal. Em razão disso podemos traçar novas diretrizes de ação para o dia seguinte, corrigindo, assim, nosso comportamento em desarmonia com as Leis da Consciência, sem mania de perfeição imediata!

É comum em nosso processo de aprendizagem cometermos erros, que por falta de hábito diário do exame de consciência, nos passam despercebidos. O conselho de Santo Agostinho reveste-se de importância fundamental, pois vamos, sem cairmos na "fossa" ou na depressão, corrigindo nossas falhas de imediato nos pontos que estamos mais vulneráveis.

> *(...) temos que prestar contas de nossos atos, no altar de nossa consciência, onde Deus plantou suas leis, pouco se importando com aquelas leis criadas pelas religiões, como se fossem "palavras de Deus".*

---

[1] Lucas, 15:24.

[2] João, 4:21-23.

7.3. Oração – renovação de ânimo

> *"Em qualquer posição de desequilíbrio, lembra-te de que a prece poder trazer-te sugestões divinas, ampliar-te a visão espiritual e proporcionar-te consolações abundantes".*
> *(XAVIER, Francisco Cândido /Espírito Emmanuel. Vinha de Luz, lição 21, p. 54).*

Um dos temas que atualmente tem ocupado com muita insistência os especiais da televisão e revistas do mundo todo, são as reportagens sobre a influência da oração. Desenvolvem-se no mundo acadêmico estudos científicos sobre a prece, para explicar até que ponto as pessoas religiosas levam vantagem sobre as demais em razão dos bons resultados em seu estilo de vida, claramente mais saudáveis. Parece-nos que há tanta evidência da força da prece, beneficiando as pessoas que adquiriram o hábito que, cada vez mais se processa, no campo da Medicina tradicional e nas universidades do mundo todo, estudos sobre a interação entre a espiritualidade e a saúde.

Dentre várias pesquisas sobre o poder da oração, consensualmente os médicos admitem que pessoas que oram regularmente: vivem mais; correm menos riscos de adquirir vícios; têm mais chance de abandonar vícios; contraem menos doenças sexualmente transmissíveis; têm menos depressão e sofrem menos riscos de *stress*. Diz Harold Koenig, do Centro para Estudos da Religião e

Espiritualidade da Universidade de Duke, uma das instituições mais reputadas dos Estados Unidos na área médica: "Os avanços nessa área são incontestáveis. A fé é um fator determinante não apenas na cura, mas também na qualidade de vida das pessoas".[1]

Quando se fala em oração automaticamente nos vinculamos à idéia da fé, pois nos parece tão interligadas tal como a cara e coroa de uma moeda, que não podemos pensar numa sem a outra. É preciso ter fé quando proferimos uma oração, para que tenhamos os resultados desejados. E aqui, vale ressaltar que pouco importa a interpretação religiosa da idéia que fazemos de Deus; o importante é ter fé, ter aquela força que palpita em todos os seres, e com ela a certeza de que atingiremos os nossos objetivos. É tudo força de *marketing* a arenga das religiões que proliferam a cada dia, para aumentar o seu rebanho, afirmando em alto e bom som, que, o "nosso Deus" vai fazer isto ou aquilo, como se Deus pertencesse a esta ou àquela religião.

A oração tecida de harmonia e confiança e pronunciada na fé verdadeira faz expandir do pensamento energias, que se conectarão com a Energia Maior – ou o Reino de Deus em nós –, de tal forma que passamos a vibrar em outras dimensões, alimentando-nos das belezas da Inteligência Suprema. Neste entendimento, Jesus orava sempre, buscando recursos para estar sempre vinculado ao Pai, manifestando: "*Eu e o Pai somos um*". Por isso, quando conseguimos a verdadeira sintonia com Deus, por intermédio da prece sincera, emanada do fundo da alma, respiramos o hálito divino proporcionando-nos paz interior, que o mundo não pode dar. Só quem já alcançou esta plenitude, como o Mestre, pode dizer: "*Deixo-vos a minha paz, a minha paz vos dou; não vo-la dou como o mundo a dá; Não se turbe o vosso coração, nem se atemorize*".[2] Nesse contato com a Inteligência Suprema abastecemo-nos da Energia Divina e podemos encarar com grandeza espiritual, sem turbação ou temor no coração, as adversidades, testes necessários à nossa evolução.

Muita gente diz que não adianta orar, pois afinal as leis da natureza são imutáveis; e o que tiver que acontecer, acontecerá infalivelmente. Quando oramos encontramos paz, coragem e consolo para as nossas tribulações. Na realidade, ninguém sabe se as tribulações pelas quais estamos passando, nesse momento, "irão adiante" ou "não irão além". Certamente as Leis estabelecidas não serão modificadas, mas na oração adquirimos força, por meio de uma resignação ativa, isto é, sem revolta mas com otimismo, assim continuamos na luta por dias melhores. Emmanuel, nessa óptica, ensina[3]: *"Não poucas vezes, as flores da compaixão do Cristo visitam a criatura em forma de espinhos e, em muitas circunstâncias da experiência terrena, as bênçãos da Medicina celestial se transformam **temporariamente** (grifamos) em feridas santificantes. Em **muitas fases da luta** (grifamos), o Senhor decreta a cassação do tempo ao círculo do servidor, para que ele não encha os dias com a repetição de graves delitos e, não raro, dá-lhe fealdade ao corpo físico para que sua alma se ilumine e progrida"*. Na realidade, Deus não fica de binóculos espreitando os nossos atos, mas sim são suas Leis Sábias e Eternas, gravadas em nossa consciência que agem quando nos desviamos da conduta correta. Portanto, somos nós mesmos que, diante dos excessos cometidos, reprogramamos na Espiritualidade o nosso estágio reencarnatório, estabelecemos certos limites "temporários" e em "determinadas fases" para que voltemos aos trilhos do equilíbrio. Todo problema, por mais difícil que nos pareça, é transitório. Diante disso, não deixemos de orar nunca e trabalhar incessantemente pois, certamente, nossas súplicas serão ouvidas e no "momento certo" seremos atendidos, pois Deus sendo amor − "Ele sabe do que necessitamos, mesmo antes de pedirmos."

Dentro de cada um de nós dormita uma fonte inesgotável de poder, que uma vez revelada pela oração flui abundantemente, podendo nos proporcionar a cura, a paz, a inspiração às soluções dos nossos problemas. É inerente à criatura, não importa a religião que você professa; todos podem se beneficiar da oração, uma vez que as respostas não são obtidas porque você é budista, cristão, muçulmano ou judeu; mas sim porque acredita, tem fé! Jesus ensinou-nos que: *"Tudo que pedirdes em oração, crede que o recebereis"*.[4] Sempre refleti neste ensinamento de Jesus. Há pessoas radicais que, de imediato, descartam toda possibilidade dizendo que é pura "fantasia", pois já cansou de pedir determinadas coisas e não recebeu. Diante disso, precisamos acrescentar também: *"mas jamais se esforçou para tal!"* Li, em determinado livro, certa vez a advertência: *"tome cuidado com o que você pede em oração, pois acabará acontecendo"*.

Na realidade, quando oramos, nosso consciente remete uma ordem de comando ao nosso EU profundo. Este pedido começa a ser trabalhado, havendo uma verdadeira "fermentação" em nossa força interior. Às vezes até esquecemos o que pedimos, mas ele continua em elaboração, em nossos arquivos mentais. Como *"somos o que pensamos"*, mais hoje ou mais amanhã, de acordo com a intensidade da vontade e do nosso trabalho o pedido acabará acontecendo. Esse desejo, com toda a força da alma intensifica a dinamização do nosso potencial interior, de tal sorte, que um dia acaba se concretizando. Mas é preciso ajudar pela vontade – crendo em nós mesmos – e pela ação, que o nosso Céu Interior desabrochará. O mundo muda para nós quando resolvemos mudar a nossa vontade.

Diante da ansiedade dos homens, em priorizar as conquistas materiais, Jesus recomenda: *Buscai em primeiro lugar o Reino de Deus e a sua justiça, e todas essas coisas vos serão acrescentadas.*[5] O Reino aqui é o encontro com Deus dentro de nós, com suas Leis Sábias e Eternas. Pelo contato com elas, desperta-nos o mundo da Justiça, daquilo que é justo, reto e verdadeiro. Todas as demais coisas de que necessitamos nos serão acrescentadas, por conseqüência. A oração fervorosa conecta o homem com a Fonte Divina. Quando nosso canal está puro, idôneo, sem qualquer obstrução, abrimos caminho para que a Energia Divina flua em sua plenitude sobre nós. É nesse sentido que Jesus afirma: *"tudo é possível àquele que crê"* ou *"tudo que pedirdes em oração, crede que o recebereis"*.(Marcos 11:24). *"De acordo com a tua fé é que receberás"*. (Mateus 9:29).

Quando desejamos efetivamente a realização de nossos objetivos a força ativa brota da alma, preparando-nos o caminho para sua realização. Não se trata de vontade titubeante, mas do desejo "ardente". Começamos aí a realização. É o que explica o enfermeiro Lísias, referindo-se à força da oração, em diálogo com André Luiz, afirmando[6]: "Quando alguém deseja algo ardentemente, já se encontra a caminho da realização". "(...), mas quando mentalizou firmemente a necessidade de receber o auxílio divino, dilatou o padrão vibratório da mente e alcançou visão e socorro". "(...) E quando sua mãezinha soube que o filho havia **rasgado os véus escuros com o auxílio da oração**, chorou de alegria..." "(...) a realização nobre exige três requisitos fundamentais, a saber: primeiro, desejar; segundo, saber desejar; e, terceiro merecer, ou por outros termos, vontade ativa, trabalho persistente e merecimento justo".

Para falar com Deus não há necessidade de qualquer cerimônia complexa, de rituais, de liturgias, incenso etc...Para orarmos com eficácia não necessitamos de solenidade, de aparato exterior, de grandiosidade, tampouco de lugar ou hora especial marcada; mas de humildade de coração. Não são imperativos as vãs repetições, palavras difíceis, como se Deus nos atendesse pelo muito falar ou pela riqueza de vocabulário. As posições convencionais (de pé, sentado, ajoelhado, mãos cruzadas) ou as manifestações verbais – embora não necessárias – só serão válidas se forem acompanhadas de propósitos sinceros e de profundo ato de fé. Aí sim, a criatura, ou melhor até – toda criatura sem exceção, encontra refrigério para a alma.

Sabe-se que também oramos por meio da ação, pois quando cumprimos com os nossos deveres, na verdade estamos fazendo a vontade de Deus. *"(...) As boas ações são a melhor prece, porque os atos valem mais do que as palavras"*.[7] O trabalho é oração em movimento, é bênção divina. A melhor maneira de entrar em contato com Deus é estar conectado com suas Leis, isto é, fazendo a vontade Dele. Não tem qualquer lógica viver pedindo o atendimento de nossos caprichos, aguardando pela realização, sem qualquer esforço pessoal.

Como a prece é uma ligação do homem com Deus, radicado em nosso interior, pela lógica pode-se orar em qualquer lugar sim, já o disse mas vale repetir, pois o templo está no altar de nossa consciência. Pode-se ligar a Ele no carro, na rua, no ônibus, no escritório, na escola. Jesus ensinou-nos *"(...) quando orares entra no seu aposento, e, fechando a tua porta, ora a teu Pai que está em secreto (...)"*[8]. Em "secreto", quer dizer: em nosso interior, e o aposento, é a nossa casa mental. Desconectando-se do exterior, falamos com Deus na nossa intimidade. No entanto, pode-se orar também nos templos religiosos, onde o ambiente é apropriado para a meditação. Todavia, mesmo dentro do templo de pedra só nos ligamos a Deus por meio do "templo do Espírito", no altar divino da consciência. *"Não sabeis que sois um templo de Deus e que o Espírito de Deus habita em vós?"*, afirmou Paulo.[9] Assim como Jesus, os apóstolos também estimulavam os homens a se esforçarem para encontrar o Reino de Deus dentro de si mesmos.

É só transformando a oração num hábito que iremos construindo a vida mais feliz e mudando as velhas concepções, adquiridas ao longo de nossas existências. Devemos orar sempre, incansavelmente. Pensar em Deus em todas as nossas atividades. Às vezes, ora-se pela manhã – o que não deixa de ser um hábito importante – mas em seguida parte-se para o "mundão" e aí é um "salve-se quem puder", como se pudéssemos ser "espirituais" só naquele momento reservado para a reflexão, e o resto do dia praticar todo tipo de barbaridades! À noite, como se nada tivesse acontecido, ora-se novamente – isto quando acontece! – e vai-se para o descanso. É preciso respirar em todas as nossas atividades de trabalho o lado espiritual: no atendimento ao subalterno, no diálogo com o superior, na conversa com o cliente etc... Sentindo-se envolvido por Deus em todos os nossos procedimentos, estaremos transformando, com o tempo, a prece em nossa maneira de viver.

Dentro de cada um de nós dormita uma fonte inesgotável de poder, que uma vez revelada pela oração flui abundantemente, podendo nos proporcionar a cura, a paz, a inspiração às soluções dos nossos problemas.

[1] Dados extraídos da edição especial da *Revista Veja*, edição 1834, de 24/12/03.
[2] João, 14:17.
[3] XAVIER, Francisco Cândido. *Vinha de Luz*, pelo Espírito Emmanuel, lição 166, Resposta do Alto.
[4] Marcos, 11:24.
[5] Mateus, 6:36.
[6] XAVIER, Francisco Cândido. *Nosso Lar*, pelo Espírito André Luiz, Cap. 7.
[7] KARDEC, Allan. *O Livro dos Espíritos*, Q. 661.
[8] Mateus, 6:6.
[9] I Coríntios, 3:16.

7.4. Perseverança

> *"Mas aquele que perseverar até o fim será salvo".*
> Jesus – Mateus, 24:13.

O dicionário do Aurélio nos define **perseverança** como: a qualidade ou procedimento de perseverante; pertinácia, constância, firmeza, do latim *"perseverare"*. Conservar-se firme e constante; persistir, prosseguir, continuar: Quem *persevera* em seus propósitos acaba vencendo.

Precisamos estar atentos diante das mutações que ocorrem em nosso derredor e sempre dispostos a criar novos hábitos quando percebemos, que aqueles até então utilizados são impotentes e não atendem mais às nossas necessidades. A acomodação voluntária aos velhos padrões pode ser prejudicial ao processo do desabrochamento da nossa essência divina. Quando o exterior se modifica e nossos mecanismos habituais tornam-se ineficazes, de duas uma: persistência ou desistência. O objetivo maior de nossa existência é progredir sem cessar, razão pela qual a persistência é a receita prescrita por Jesus: *"mas aquele que perseverar até o fim será salvo"*.

Cada dia que se desponta é sempre novo. Novas situações, novas tomadas de consciência, novas descobertas. É preciso estar cônscio de que assim tudo transcorre. Nada está parado. Desta forma, devemos estar sempre em "estado de prontidão", não insurgindo-se contra essas mudanças. É na proporção da facilidade de adaptação, removendo hábitos inservíveis, que nos ajustamos mais rapidamente à dinâmica da evolução. Paulo de Tarso sofreu a amargura da tristeza cortante em sua alma por manter-se fixo aos ideais de sua crença, até o seu memorável encontro com o Mestre Nazareno, às portas de Damasco. O meigo Rabi, em diálogo amorável, como que o alertando sobre a rigidez dos conceitos na lei judaica, fala ao seu coração, até então, frio e calculista: "*É duro recalcitrares contra os aguilhões!*" Saulo necessitava mudar e aquele encontro foi o ponto de mutação, partindo daí para a conquista de novos hábitos, novos comportamentos na obtenção de uma nova vida.

Mesmo quando o problema parece ser muito difícil de ser resolvido, não pode se entregar, é preciso perseverar para mudar a rotina que faz parte da nossa vida. O Evangelho nos fala sobre a "resignação", diante de situações que no momento parecem insolúveis. E o Espírito Joanna de Ângelis, por intermédio de Divaldo Pereira Franco, cria o conceito de "resignação dinâmica", ou seja, resignar-se, sem revolta, mas buscando soluções possíveis. Não nos esqueçamos do alerta de Jesus de que "*tudo é possível àquele que crê*". Aqui o sentido "daquele que crê" é o da resignação dinâmica, da perseverança e do não esmorecimento, alimentando-se, sempre, de coragem. Isto é, usando o nosso potencial intrínseco e com vontade íntima partir para a consecução dos objetivos que se almeja.

O alerta de Jesus quando se refere a *perseverar até o fim* é advertência, não no sentido de término, mas sim a vitória de nossos objetivos, não parar no meio do caminho quer por inércia, preguiça ou medo. Persistir sempre, com o objetivo de caminhar sem esmorecimento, não abandonando a luta diante de qualquer problema. Portanto, quando tratamos do desenvolvimento dos valores espirituais é necessário compreendermos que a conquista, de nosso Reino Divino, não acontecerá apenas aguardando por "graça divina", sem trabalho e perseverança. Jesus apenas disse que era *"o caminho, a verdade e a vida"*, mas esse domínio é fruto da persistência de cada um, sem qualquer gratuidade.

Estando Deus dentro de todas as criaturas não podemos dizer que uns alcançarão o Reino de Deus e outros não. Fala-se muito nas religiões dogmáticas, em alcançar o céu pela "graça", sem qualquer esforço, onde uns são privilegiados e outros não, como se Deus escolhesse, ao seu bel prazer, os seus por freqüentarem determinada religião. Isto de "preferências" acontece entre os homens e não nas Leis Divinas que são perfeitas, imutáveis e eternas. O Céu não tem localização física, "lá em cima", é um potencial imanente e dormente em todos os seres, sejam judeus, muçulmanos, cristãos, budistas ou não tenham filiação a nenhuma delas. Ainda bem que é assim! O dia que as pessoas entenderem que a verdadeira religião é a da "consciência", teremos menos explorações em nome de Deus.

A tarefa de iluminação demanda esforço de toda criatura, que a cada existência desenvolve pequena parcela desse potencial. Pois é impossível fazer "brilhar a luz" na curta passagem de uma única vida. Daí, o esforço que as religiões que adotam a "unicidade das existências" fazem para apascentar a ansiedade das suas "ovelhas", acomodando a mente com a idéia de "céu" ou "inferno". Sabe-se que na realidade céu ou inferno é estado de espírito. O tempo não corre em vão, à medida que se amadurece se reconhece a verdade da lei das existências sucessivas; o ser, cônscio dessa Lei Natural persevera para gradativamente melhorar os padrões morais e o domínio das más inclinações; isto é, um *"continuum"* de crescimento em várias experiências reencarnatórias, para a perfeição.

Lemos num *site* de auto-ajuda[1] a história do "bambu chinês", achamos que se encaixa bem neste caso para que possamos meditar sobre o hábito de perseverança, que cada um deve perseguir para vencer a si mesmo e crescer em Espírito e Verdade.

*Depois de plantada a semente deste incrível arbusto, não se vê nada por aproximadamente **cinco anos,** exceto um lento desabrochar de um diminuto broto a partir do bulbo. Durante cinco anos, todo o crescimento é subterrâneo, invisível a olho nu, mas...Uma maciça e fibrosa estrutura de raiz que se estende vertical e horizontalmente pela terra está sendo construída. Então, no final do **quinto ano, o bambu chinês cresce até atingir a altura de 25 metros.** Muitas coisas na vida pessoal e profissional são iguais ao bambu chinês. Você trabalha, investe tempo, esforço, faz tudo o que pode para nutrir seu crescimento, e às vezes não vê nada por semanas, meses ou anos. Mas se tiver paciência para continuar trabalhando, persistindo e nutrindo, o seu quinto ano chegará, e com ele virão um crescimento e mudanças que você jamais esperava. Especialmente em nosso trabalho, que é um projeto fabuloso que envolve mudanças de comportamento, de pensamento, de cultura e de sensibilização, devemos sempre lembrar do bambu chinês para não desistirmos facilmente diante das dificuldades que surgirão.*

Que tal a comparação? Devemos cultivar o desenvolvimento do hábito da perseverança para conseguirmos alcançar os nossos objetivos, pois, a perseverança é a base de nossa vitória! Ecoa em todas as épocas, como ensinamento universal, o alerta de Jesus: *"Aquele que perseverar até o fim será salvo"*[2]. Destaque-se que o termo "salvo" deve ser entendido como redenção, auto-educação, alcance de metas e não no sentido de ir "para o céu".

É na proporção da facilidade de adaptação, removendo hábitos inservíveis, que nos ajustamos mais rapidamente à dinâmica da evolução.

---

[1] www.planetamais.com.br, mensagem 113, 12/05/2003, mensagem 113, 12/05/2003.

[2] Mateus, 24:13.

7.5. Estudo sério e contínuo

> *"(...) Quem quer adquirir uma Ciência deve estudá-la de maneira metódica, 'começando pelo começo' e seguindo o seu encadeamento de idéias".*

Dentre os inúmeros diferenciais entre o Espiritismo e as religiões convencionais um deles, de fundamental importância, é que estas se baseiam na fé mística, enquanto o Espiritismo apóia-se na razão. Assevera o Codificador: *"Nada deve ser aceito sem antes passar pelo crivo da razão"*, venha de quem vier a informação. A religião que se sustenta em dogmas, repelindo a ciência, perde sua credibilidade. A fé cega é aquela baseada em dogmas, que não permite que a criatura discuta a veracidade ou não de uma afirmação. No Espiritismo a fé é construída pela razão.

As descobertas da ciência revelam as Leis de Deus; e contrariar a ciência é contrariar as leis divinas. Portanto, a Doutrina Espírita deve atualizar-se, constantemente, acompanhando *pari passu* todas as suas descobertas. Assim ensina Kardec:

> "O Espiritismo, avançando com o progresso, jamais será ultrapassado, porque, se novas descobertas lhe demonstrarem que está em erro acerca de um ponto, ele se modificará nesse ponto; se uma verdade nova se revelar, ele a aceitará".[1]

"(...) Não lhe cabe fechar a porta a nenhum progresso, sob pena de se suicidar".[2]

"O princípio progressivo, que ela inscreve no seu código, será a salvaguarda da sua perenidade e a sua unidade se manterá, exatamente porque ela não assenta no princípio da imobilidade".[3]

De um modo geral, a grande maioria de nossa população ainda não adquiriu o hábito de leitura, tão salutar para a saúde da alma quanto o alimento para o corpo. Este é um trabalho que se deve iniciar desde a infância, com a ajuda dos pais e das escolas, começando pela leitura crítica dos jornais da cidade! Muita gente alega que tem dificuldade de ler, mas como o hábito se adquire, tudo é questão de esforço. Quando se inicia no Espiritismo uma das primeiras recomendações aos iniciantes é de que o "Espírita precisa estudar". Sugere-se primeiramente, em razão da importância da busca do conhecimento doutrinário, o estudo metódico das obras básicas da Codificação. No dizer de Emmanuel "a ignorância é uma armadilha".

Enquanto as religiões convencionais, quase sempre, se apegam à letra da Bíblia como "palavra de Deus" e assim, "é infalível", os espíritas, cientes que *a letra mata mas o espírito vivifica*, na expressão do apóstolo Paulo, têm se destacado como estudiosos à luz da razão, constituindo-se sempre os mais cultos em comparação aos adeptos das demais orientações religiosas. O último censo do IBGE (Instituto Brasileiro de Geografia e Estatística), divulgados no final de junho/2003 sanciona essa afirmação, mostrando que os adeptos do Espiritismo são os mais escolarizados, em comparação às demais denominações religiosas, tendo em torno de 11anos de escolaridade, enquanto as demais alcançam em torno de 4 a 7 anos de estudos. O Espiritismo requer muito estudo, o que explica, em parte, a alta escolaridade de seus seguidores.

Kardec já previa até mesmo que o Espiritismo teria seu primeiro ponto de apoio, nas classes mais cultas da comunidade *"Não menos notável é o fato de não ter ele, em país algum, surgido das camadas mais baixas da escala social". Foi nas classes esclarecidas que ele encontrou o melhor acolhimento, sendo a parte iletrada de seus sectários uma minoria ínfima".*[4] Em nota de rodapé desta página, ratificando a previsão do Codificador, Herculano Pires nos mostra que o Brasil é um exemplo disso. Aqui, os primeiros núcleos espíritas surgiram em Salvador, na Bahia e no Rio de Janeiro, formados por intelectuais. Isto porque o Espiritismo é uma doutrina que exige estudos e seus livros fundamentais vinham da França, escritos em francês. Os que contestam este fato – o fazem por ignorância, por confundirem o Espiritismo com formas populares de sincretismo religioso como a Macumba, a Umbanda etc. Ou estão de má fé por verem prejudicados os seus interesses, em geral financeiros...

No *O Evangelho segundo o Espiritismo*, cap. 6, item 5, encontramos o conselho do Espírito de Verdade: *"Espíritas! amai-vos, eis o primeiro ensinamento; instruí-vos, eis o segundo".* Se a doutrina é mais bem compreendida pela classe mais culta da sociedade, cabe-lhe, por isso, a responsabilidade de sua divulgação àqueles que não conseguem assimilá-la racionalmente. Eis aí uma das nuances do "amai-vos". Sabe-se que há muita confusão entre as pessoas menos cultas, entre o Espiritismo e os demais cultos, misturando-se tudo como se fosse uma mesma coisa, a exemplo dos casos de benzimento de roupas, o uso de velas, os defumadores, os milagres, a idéia de pecado e castigo etc.

O "instruí-vos" como segundo ensinamento é recomendação aos espíritas. Aquele que adquire o hábito de sempre estudar a Doutrina Espírita se liberta, vai sozinho não precisando eternamente de "muletas", deste ou daquele líder; é capaz de entender a orientação de Jesus aos seus seguidores, "*Assim resplandeça a vossa luz diante dos homens*"[5]. Cada um deve ser o responsável em acender a própria luz, sem o que é impossível se autolibertar. E este é o objetivo principal de cada um daqueles que compreenderam bem os objetivos de Deus para com suas criaturas e tiveram a felicidade de acender a própria luz: ensinar aos companheiros de jornada que ainda estão na retaguarda o caminho dessa conquista. Cada um a seu tempo deve adquirir sua luz própria, se autoeducando continuamente, sem o que é impossível despertar em si o Reino de Deus.

Kardec, quando da elaboração de *O Livro dos Espíritos*, alerta para a necessidade de perseverança e seriedade no estudo da Doutrina. Na sua óptica de arguto pedagogo deixou-nos algumas instruções importantes:

1. "(...) não pode ser feito proveitosamente este estudo (acrescentamos) senão por homens sérios, perseverantes, isentos de prevenções e animados de uma firme e sincera vontade de chegar a um resultado".

É muito comum o entusiasmo inicial para começar um "Grupo de Estudos" na Casa Espírita, mas como tudo tem o seu tempo certo, só ficam, efetivamente, aqueles que estão maduros. A grande maioria pára pelo meio do caminho. Não perseveram e não estão ainda animados de vontade firme para a conquista desses objetivos. Em razão da experiência com a formação desses grupos e pela diminuição do número de componentes no decorrer das sessões de estudo, costumamos dizer, a título de brincadeira entre os companheiros, que: "começa-se com **cem** e termina **sem**!" É óbvio que não é literalmente assim. Em alguns "a terra está preparada e dará bons frutos" (Mateus. 13:8); muitos concluem os estudos e ficam como colaboradores, tornando-se potenciais líderes amanhã.

2. "(...) aos que julgam *a priori* levianamente, sem terem visto tudo". Estes não enquadram na classificação acima;

Há aqueles que podem até se entusiasmar no início, mas logo abandonam por não estarem maduros espiritualmente, ficando apenas na superfície dos ensinamentos. *"Não havia terra bastante, e logo nasceu, porque a terra não era funda. Mas, saindo o sol, queimou-se, e secou-se, porque não tinha raiz".* (Mateus, 13:5-6).

3. "(...) que não imprimem aos seus estudos nem a continuidade, nem a regularidade e o recolhimento necessário".

Outros iniciam estudos mas as sementes do conhecimento não encontram forças para se desenvolver, pois ficam apenas na superfície e "vieram as aves e as comeram" (Mateus. 13:4); vale dizer: os interesses do mundo falam mais alto e não dão continuidade; faltam constantemente nos estudos e por isso perdem a seqüência e interesse inicial.

4. "(...) O que caracteriza um estudo sério é a continuidade".

Toda tarefa de aprendizagem não pode deixar de ter seqüência, para que o estudante não perca "o fio da meada". Sem continuidade há bloqueio no entendimento. Haverá perda de tempo para o grupo que já se encontra afinado com os conceitos de determinados termos, tendo que parar constantemente para "acudir" o estudante faltoso.

5. "(...) Quem quer adquirir uma ciência deve estudá-la de maneira metódica, 'começando pelo começo' e seguindo o seu encadeamento de idéias".

Isto é tão claro que não se pode contestar. Para se aprender uma ciência é preciso começar pelo começo. Para compreender a Doutrina Espírita e não ser enganado por tantos conceitos estapafúrdios, que surgem na vasta literatura, denominada "espírita", é preciso estudar as obras básicas e começar pelo *O Livro dos Espíritos*, considerado a

"Constituição Maior do Espiritismo", tal como o Estado moderno possui a sua Constituição. Encontramos ainda aqueles que freqüentam há muitos anos a Casa Espírita e que não atinaram para o estudo das obras básicas, limitando-se ao que ouvem nas palestras doutrinárias. E não é só isso. Além do estudo das obras básicas, ler também, sempre que possível, as novidades que as editoras mandam para o mercado, para que assim se possa analisar à luz dos conceitos racionais da Doutrina o que se divulga com o selo "espírita". Deve-se, enfim, de acordo com as possibilidades, ler de tudo, acompanhando reportagens que as revistas semanais ou mensais sempre trazem com referência à nossa Doutrina Consoladora. Lembremo-nos da recomendação de Paulo: *"Tudo me é lícito, porém nem tudo me convém"*. Só tendo conhecimento das obras básicas, não comeremos **"alhos por bugalhos"**, usando a expressão popular. Tampouco, **"comendo gato por lebre"**.

6. "(...) Se desejamos aprender com eles (os Espíritos), temos que seguir-lhes o curso".

Não podemos ter a assistência amorosa destes Espíritos Bondosos, quer mediúnica, quer através de intuições, em nossos estudos se formos relapsos para as orientações da Espiritualidade. Até para escrever, quando há sintonia, estamos sempre recebendo inspiração dos amigos maiores.

7. "(...) é necessário escolher os professores (sem a idéia de diplomas, **acrescentamos**) e trabalhar com assiduidade".

Aqui, Kardec refere-se à amizade e confiança que passamos a ter com os Espíritos amigos quando executamos um programa de estudo com seriedade. Há necessidade de agir com assiduidade. Aliás, é o que Emmanuel recomendou a Chico Xavier no início de sua mediunidade, quando desejava receber romances mediúnicos pela psicografia: disciplina, disciplina, disciplina...

8. "(...) Se quereis respostas sérias (dos Espíritos), sede

sérios vós mesmos, em toda a extensão do termo".

A seriedade é ponto nevrálgico em nossa conduta se desejamos receber respostas sérias dos Espíritos. Podemos enganar os homens, mas a nossa conduta irradia em nossa psicosfera o que realmente somos. Não dá para enganar, pois os Espíritos nos enxergam pela emanação de nossa aura, que é reflexo dos nossos pensamentos. Veja-se que essa sintonia não precisa ser em uma reunião mediúnica, mas na vida, nas reflexões, em nossos estudos individuais etc... Nunca estamos sós. Cada um tem a companhia que merece!

9. "(...) Sede, além disso, laboriosos e perseverantes em vossos estudos, para que os Espíritos Superiores não vos abandonem como faz um professor com os alunos negligentes".

E, finalmente, nos ensina o Codificador da necessidade de trabalharmos com perseverança em nossos estudos. O negligente deixa de ser assistido por causa da irresponsabilidade, tal qual o aluno que não se dedica aos ensinamentos e aproveitamento da disciplina ministrada.

A religião que se sustenta em dogmas, repelindo a ciência, perde sua credibilidade. A fé cega é aquela baseada em dogmas, que não permite que a criatura discuta a veracidade ou não de uma afirmação. No Espiritismo a fé é construída pela razão.

---

[1] KARDEC, Allan. *A Gênese*, Cap. I – Caracteres da Revelação Espírita.
[2] KARDEC, Allan. *Obras Póstumas*, Constituição do Espiritismo – Dos Cismas, p. 283.
[3] Id. ibid, p. 284.
[4] Id. ibid, p. 211.
[5] Mateus, 5:16.

8. Construindo novos hábitos

> *"A evolução, contudo, impõe a instituição de novos costumes, a fim de que nos desvencilhemos das fórmulas inferiores, em marcha para ciclos mais altos de existência".*
> *(XAVIER, Francisco Cândido. Pensamento e Vida, pelo Espírito Emmanuel, p. 97).*

No processo ascensional os costumes adquiridos que não correspondam à realidade que estamos vivendo, devem ser substituídos por outros novos, como garantia de adaptação e sobrevivência, sob pena de ficarmos estacionados no tempo e no espaço... A evolução, em todos os setores da atividade humana, exige uma tomada de posição, de tal sorte que a adaptação é condição *sine qua non* (indispensável) para o progresso. Nem sempre, entretanto, as conquistas anteriores constituem-se parâmetros em condições de enfrentar os novos problemas em conseqüência das transformações tecnológicas e dos avanços das ciências. É a chamada "adaptação necessária", pois a transformação é contínua e há necessidade, em razão da sobrevivência, que a criatura acompanhe os novos desafios, testes obrigatórios para o crescimento evolutivo.

Aqueles que permanecem "paralisados" diante do necessário crescimento evolutivo perdem a oportunidade do desafio, requisito fundamental para o progresso pessoal, e, por conseqüência, a chance de marcar posição como fonte inspiradora, para despertar nos espectadores a motivação para o próprio crescimento. Nada está parado, tudo se movimenta. O Universo é exemplo desta afirmação. Movimenta-se para gerar vida e todos os que estão nesta esteira de crescimento têm que adentrar-se no esquema evolutivo, colaborando com a própria divindade.

Educar para a Eternidade é adaptar-se às transformações que ocorrem em todos os momentos, não obstando o progresso da Humanidade. Todos somos peças imprescindíveis na construção desta estrutura divina. Os corpos siderais cumprem suas finalidades; as plantas produzem em conformidade com o plano divino e na época certa, aquilo para que estão programadas. No homem, hierarquia maior na escala evolutiva, onde refulgem a inteligência e a razão – como frutos de adaptações diante dos problemas – não pode ficar à margem da responsabilidade, sob pena de se autopunir pela omissão. Assim, omitir é sinônimo de inércia, e Deus é sinônimo de ação em todo Universo. Todos somos peças que devem se enquadrar na estrutura universal, prodigalizando meios para que as demais criaturas, ainda sem a maturidade espiritual para perceber este processo, possam espelhar-se e se espelharem também nesta meta evolutiva.

Por isso, movimente-se! Tão-somente aqueles costumes que se compactuam com as Leis Maiores permanecem atuais. Os demais precisam mudar para se adaptar. Assim, muitos hábitos – aqueles que refletem a Luz Divina – continuam, pois, são forças desenvolvidas do potencial divino no Reino Interior de cada criatura, enquanto outros precisam mudar o mais rapidamente possível para enfrentar as novas realidades. Este é o único e nobre objetivo da vida.

Sejamos, portanto, atuantes, sem omissão e desleixo com as responsabilidades do nosso papel na construção da obra divina. Não haverá, obviamente, qualquer "castigo" por parte de Deus pelas nossas eventuais omissões, pois não há "castigos" e nem "prêmios" nas suas Soberanas Leis; seremos tão-somente "alertados" pelo sinete da dor, no íntimo da "consciência".

O velho hábito erroneamente fixado, muitas vezes, desde existências anteriores de aceitar o sofrimento como "castigo", leva a criatura a "temer" Deus; ora, *Deus é amor*, e sempre está pronto para receber a todos pois afinal somos "filhos pródigos", nesta caminhada evolutiva. É este o sentido que Jesus – que não é Deus como ensinam as religiões dogmáticas, mas um Espírito mais evoluído, portanto, nosso irmão, que nos serve de "guia e modelo" – expressa em Mateus[1]: "*Não necessitam de médico os sãos, mas sim, os doentes*".

Por conseqüência, devemos entender o sofrimento como mecanismo de "alerta" à alma, motivado pelos desvios de conduta correta diante das Leis Eternas, mas jamais como "castigo" de Deus. Surgindo a dor e o sofrimento, no percurso existencial, devemos entender a linguagem como o "grito da alma", transmitindo-nos, por intermédio o "aviso" para que busquemos o equilíbrio interior. E ninguém pode resolver por nós este tipo de problema, pois ele é personalíssimo e a solução está em nós mesmos. Não queremos, com isso, descartar, a participação de terceiros – profissionais como psicólogos, psicoterapeutas, e mesmo orientadores espirituais etc., – que nos ajudam a encontrar causas, mas a solução é nossa. É uma tomada de decisão rumo a conquistas nobres.

A dor, de acordo com a óptica espírita, é terapêutica, pois conduz a criatura a refletir sobre os seus erros e corrigi-los. No processo da educação, quando enfrentamos os "testes", detectamos as lacunas de aprendizagem e procuramos suprir as falhas encontradas. Logo, a prova em si mesma não é um mal, mas uma necessidade de teste no processo de aferição da aprendizagem. Assim também, a dor é a prova obrigatória para que a criatura reequilibre suas ações divergentes do bem.

Quando preventivamente, diante de sinais de possíveis doenças procuramos o médico e cortamos o mal pela raiz, não necessitaremos da presença da dor, que é o alerta do organismo que algo não anda bem. Da mesma forma, quando conseguimos por nós mesmos, detectar nossas falhas comportamentais, em nossa vida de relação, e as corrigimos não necessitamos da presença do sofrimento; ele só se manifestará como "alerta" para as corrigendas necessárias ao equilíbrio. Daí, afirmarmos que o sofrimento funciona como terapia de aprendizagem, mas jamais como "castigo".

Conta-nos Chico Xavier[2] que um aprendiz chegando perto de um pastor de ovelhas perguntou:

"— Se uma ovelha cair na fossa, o que você fará?
O pastor respondeu: – Eu a tiro e a carrego.
— Mas, e se a ovelha se machucar, se estiver ferida? – tornou o aprendiz.
— Eu a curo, e mesmo se estiver sangrando eu a carrego – retrucou o pastor.
O aprendiz pensou demoradamente e indagou, por fim:
— Mas, e se a ovelha fugir para muito longe, léguas e léguas?
O pastor, zeloso e experimentado, fitando o grande rebanho que pastava no vale, respondeu: – Eu não posso ir atrás, porque eu não posso deixar todo o rebanho por causa de uma rebelde...Eu mando o cão buscá-la.
Coroando os preciosos apontamentos, Chico arremata:
— A mesma coisa é o Cristo diante de nós, quando nos afastamos do caminho certo, léguas e léguas. Ele não vai atrás, mas vai o cão, que é o sofrimento...".

Na realidade, do ponto de vista psicológico, ninguém vai buscar a ninguém. Nem Jesus, Maomé, Buda ou qualquer outro líder espiritual da humanidade. Reafirmando que se Deus não "castiga", não mandará cão algum buscar a ninguém. Somos nós mesmos, que após inúmeras ações divorciadas da Lei de Deus – gravadas em nossa consciência –, é que haveremos de contatar com o "cão", simbolizado na enfermidade – física ou espiritual –, alertando-nos para a necessidade do reequilíbrio. Por sermos os responsáveis, pelo nosso desenvolvimento dos potenciais, teremos que caminhar com os nossos próprios pés, na busca da evolução.

Muitas pessoas procuram a Casa Espírita, depois de excursionarem por várias seitas religiosas, em situação desesperadora, demonstrando baixa estima, angústias, pessimismo e querendo, quase sempre, uma solução "milagrosa" e, se possível, sem esforço para os seus problemas, que são, na grande maioria, de ordem emocional. Julgam que os Espíritos darão "um jeitinho" nos seus problemas; quando alertamos para a necessidade de "mudanças" nos velhos hábitos de pensamento e ação, isto é, uma mudança de dentro para fora, leituras de livros consoladores, limpeza mental de condicionamentos antigos, assistir a algumas palestras regularmente etc., decepcionam-se, pois imaginavam que com uma "vara de condão" o assunto seria resolvido!

É claro que, aqueles que compreendem os objetivos dos verdadeiros valores e finalidades reais da vida e se dispõem a trabalhar para a transformação interior, eliminando as mazelas carcomidas dos velhos hábitos incrustados nos escaninhos da alma, conseguem entender que o Reino de Deus não vem com as aparências exteriores, mas é uma conquista lenta e silenciosa que se processa em cada ser no domínio de si mesmo.

Caminhar dissonante com as Leis Universais é colocar-se em antagonismo com as potencialidades do EU DIVINO, em gérmen em nossa consciência; e isto nos traz as conseqüências amargas e angustiantes do descontrole emocional, e alertando-nos com antecedência oportuna para o sentido do crescimento necessário. As Leis Divinas são perfeitas, eternas e imutáveis; por isso, quando nos divorciamos de sua aplicação correta, seremos alertados pelo mecanismo da dor, para o obrigatório retorno à Casa do Pai.

A dor, de acordo com a óptica espírita, é terapêutica, pois conduz a criatura a refletir sobre os seus erros e corrigi-los.

---

[1] Mateus, 9:11.
[2] BACELLI, Carlos.*Chico Xavier, à sombra do abacateiro*, p. 54-55.

9. Cristo: o marco da renovação

"É por esse motivo que vemos no Cristo – divino marco
da renovação humana – todo um programa de
transformações viscerais do espírito".
(XAVIER, Francisco Cândido. Pensamento e Vida,
pelo Espírito Emmanuel, p. 97).

No processo de evolução necessitamos da renovação dos costumes, para que possamos fazer frente às conquistas do conhecimento em todos os setores da atividade humana. Deve haver na criatura disposição para abandonar os velhos hábitos já ultrapassados, produzindo uma revolução íntima. Sabemos, todavia, que tal **renovação requer penoso esforço** para adaptação às novas informações.

Do ponto de vista da transformação moral, para Emmanuel, os ensinamentos do Cristo representam um marco, a partir do qual se inicia uma nova fase para a renovação humana. Jesus dividiu a História Humana em antes e depois dele. "A força dessa delimitação, mesmo para a parte da Humanidade que não vê nela a mão divina, é aceita por todos e não apenas pelos 2 bilhões de cristãos, ou um terço da Humanidade".[1] Em apenas três anos de ensinamento uma Nova Era raiou para a Humanidade, com o lançamento das bases fundamentais para a modificação visceral do Espírito.

Sua presença foi realmente o marco de renovação, tão

importante para a Ciência Histórica que o calendário foi dividido antes e depois dele. Lançou ele, aos seus seguidores, um novo padrão de vida. Em resposta ao Codificador, ao perguntar: "Qual o tipo mais perfeito que Deus ofereceu ao homem para lhe servir de guia e modelo?", os Instrutores Sublimes responderam, sinteticamente: – "Vede Jesus".[2] Em seguida, em comentário próprio, assevera Kardec: "Jesus é para o homem o tipo de perfeição moral a que pode aspirar a Humanidade na Terra. Deus no-lo oferece como o mais perfeito modelo e a doutrina que ele ensinou é a mais pura expressão de Sua Lei, porque ele estava animado do Espírito divino e foi o ser mais puro que apareceu na Terra".

A transformação ensinada por Jesus, em seu projeto de Educação para a Humanidade era a modificação moral, tendo como roteiro as Leis de Deus; sua conquista não é exterior e sim interior, pois, o Reino de Deus está dentro de cada criatura. A *"transformação pela renovação da mente"* – já asseverava Paulo – leva o homem a *"provar qual é a boa, agradável e perfeita vontade de Deus"*.[3] Dizia Jesus que sua vinda não era para destruir a Lei ou os profetas, mas dar cumprimento, ou seja, explicar o seu verdadeiro sentido, apropriado ao grau de adiantamento dos homens, aprimorando a Lei de Moisés! No entanto, as leis atribuídas a Moisés eram de duas espécies: uma, que recebera no Monte Sinai e que estão sintetizadas nos Dez Mandamentos, são eternas, naturais e universais; outra era a lei civil, de caráter humano, mutável, de acordo com os costumes e necessidades sociais de cada época.

Para conter um povo inculto e primitivo, Moisés atribuía às suas leis um caráter divino; o povo então respeitava tudo como "Palavras de Deus", como ocorre até hoje no seio das igrejas dogmáticas. Tudo, no entanto, é muito contraditório; vemos mensagens bíblicas que simbolizam a moralidade, o amor, o respeito à vida, e outras repletas de absurdidades em que Deus manda matar os inimigos! Será que Deus tem mesmo inimigos ou todos são Seus filhos em processo de crescimento?

Hoje, sabe-se que o Deus cultuado pelo povo judeu era um "Deus regional, particular", que protegia seu povo contra outros povos, a ponto de encontrarmos em divulgação, ainda hoje, o famoso "Deus dos Exércitos". Ele ajudava só o seu povo contra os demais. Infelizmente, nos tempos atuais, os pregadores religiosos na grande maioria, cada um defendendo os profitentes de sua igreja, continuam divulgando essas idéias carcomidas de "o nosso Deus", o Deus do nosso povo, como se existisse realmente o Deus particular.

É exatamente contra essas idéias discricionárias, cujos hábitos foram perpetuados através dos tempos, que Jesus se insurgiu, mostrando o sentido verdadeiro de Deus, que não é vingativo, que não persegue, que não separa seus filhos e que não é absolutamente o "Deus dos Exércitos"; e que, acima de tudo, é amor e ama indistintamente Seus filhos, não se importando com a origem, a raça, a cor ou religião, nem time de futebol ou partido político. Se Deus está dentro de cada criatura – todos nós somos portadores da semente divina, que um dia, no seu tempo certo, desabrochará e dará bons frutos.

O objetivo de Jesus era ensinar o homem a encontrar Deus na intimidade, que se manifesta de forma indireta em Suas criaturas, por meio de Suas leis universais. Seria um absurdo pensar que sua vinda tinha por objetivo destruir essas leis; elas são universais e indestrutíveis. O que ele pretendia era despertar as criaturas para o seu verdadeiro sentido, utilizando para tanto parábolas, isto é, histórias que pudessem ser adaptadas ao entendimento dos homens.

Agora, quanto às leis de Moisés mescladas com as

Leis Divinas e maquiadas aos homens, como se foram ditadas por Deus, estas sim, mereceram radicais modificações, tanto na essência, quanto na forma. Jesus combateu os rituais criados pelas leis humanas e incorporados nos costumes religiosos, como se pertencessem ao Código Divino. Todas as enxertias às Leis Divinas foram combatidas, atacando o abuso das práticas exteriores e as falsas interpretações que nada tinham que ver com a Lei de Deus. Um bom parâmetro para identificar se a lei reflete o pensamento divino é: sempre procurar sua identificação com as LEIS DE DEUS expressa no Decálogo. Quando encontramos no texto bíblico que Deus "mandou matar", mandou "apedrejar", "passar a fio de espada os inimigos", são leis humanas que infelizmente são pregadas aos incautos, transmitindo a idéia de Deus vingativo.

A renovação proclamada por Jesus em seu programa *"não podia fazê-las passar por uma reforma mais radical do que reduzindo-as a estas palavras: 'Amar a Deus sobre todas as coisas, e ao próximo como a si mesmo', e ao acrescentar: 'Esta é toda a lei e os profetas'"*[4]. A severidade demonstrada por Jesus, quanto às costumeiras enxertias às Leis de Deus, era sempre também de advertência ao povo judeu, quando alertava que: "Toda planta que meu Pai celestial não plantou será arrancada pela raiz".[5]

A *"planta não plantada pelo Pai"* está simbolizada nas "leis humanas", aos conceitos errôneos, aos rituais etc..., ensinados como Leis Divinas; são todas transitórias e formadoras de costumes, que conduzem os homens aos rituais exteriores, mas que não atingem à essência dos bens espirituais. Estas ervas daninhas *"serão arrancadas"*. Quer dizer: não se pode continuar com práticas esdrúxulas, criadas para manter o povo dobrando a cerviz em atitude de ignorância sobre o verdadeiro sentido de Deus em nossas vidas.

Por isso afirmou: *"Eu vim para que tenha vida, e vida em abundância"*[6], e arremata: *"Eu sou o caminho, a verdade e a vida. Ninguém chega ao Pai senão através de mim"*.[7] Aqui, deve-se interpretar estas palavras no sentido universal: Ninguém chega à plenitude da perfeição, senão pelas práticas morais que eu vos ensino, pois seus ensinamentos refletem as Leis Morais Universais. Se assim não entendêssemos estaríamos excluindo outros povos, que estão filiados a outras correntes de pensamento, que não as do Cristo como os budistas, muçulmanos, judeus etc... Lembremo-nos que Deus "não faz acepção de pessoas" (Pedro,) e está presente em todas as criaturas.[8]

É por esse motivo, diz Emmanuel, que vemos no Cristo – divino marco da renovação humana – todo um programa de transformações viscerais do espírito.

A transformação ensinada por Jesus, em seu projeto de Educação para a Humanidade era a modificação moral, tendo como roteiro as Leis de Deus; sua conquista não é exterior e sim interior, pois, o Reino de Deus está dentro de cada criatura.

---

[1] Revista *Veja*, ed. 1731, 19/12/03.
[2] KARDEC, Allan. *O Livro dos Espíritos*, Q. 625.
[3] Romanos, 12:2.
[4] KARDEC, Allan. *O Evangelho segundo o Espiritismo*, cap.I, item 3.
[5] Mateus, 15:13.
[6] João, 10-10.
[7] João, 14:6.
[8] Atos, 10:34.

10. Novos padrões da moda moral

"Sem violência de qualquer natureza, altera os padrões da moda moral em que a Terra vivia há numerosos milênios".
(XAVIER, Francisco Cândido. Pensamento e Vida, pelo Espírito Emmanuel, p. 97).

A moral ensinada até a vinda de Jesus era baseada na Torá – que é composta pelos cinco livros do Pentateuco judeu: Gênesis, Êxodo, Números, Levítico e Deuteronômio, todos atribuídos a Moisés – e nos Profetas. Para um povo semi-rude sem entendimento real sobre as coisas de Deus e do Espírito era necessário um mecanismo material que impressionasse os sentidos físicos. Para acalmar a "ira de Deus" diante dos "pecados" cometidos ofereciam, em holocaustos, animais para serem mortos e depois eram o prato do jantar dos sacerdotes... Situação ingênua para ser perdoado dos erros! Perdoar ao inimigo, nem pensar! Os vencidos eram, sem piedade, passados a fio de espada ou tornavam-se escravos: "Deus" mandou Saul aniquilar todos os amalequitas, dizendo: "destrói totalmente a tudo o que tiver; nada poupes, porém matarás homem e mulher, meninos e crianças de peito (...)".[1] Quem se chegar a uma mulher no período menstrual, ambos serão mortos[2]; Quem fizer alguma coisa no sábado morrerá[3] etc... e tantas outras aberrações. Este é o "Deus dos exércitos", que manda matar crianças, homens que mantiver contato com mulheres em período menstrual ou pessoas que tenham alguma atividade honesta, correta, bondosa no sábado! Como aceitar sendo a "Palavra de Deus" tamanhos disparates!

Este era o ambiente, com suas práticas morais e costumes arraigados entre o povo, que Jesus, o Espírito mais altamente elevado, encontrou quando começou a sua missão no ensino da Boa Nova. É óbvio que iria encontrar resistências dos sacerdotes, considerados "guardiões da fé" judaica e ter como resposta a perseguição até sua morte no madeiro.

Diferente de tudo que o povo fixara por hábitos morais, há vários séculos, mas que nada tinha com as Leis de Deus, desponta Jesus – aquela fulgurante Luz para o mundo – ensinando aos homens com sapiência e mansuetude, os novos padrões de conduta, para mudar a *moda moral* que a Terra vivia. Era preciso uma revolução – sem violência – nos velhos hábitos, revolução esta que é, acima de tudo, moral e não material, como estava acostumado o povo. *"O Cristo foi o iniciador da mais pura, da mais sublime moral (...), que há de renovar o mundo, aproximar os homens e torná-los irmãos; que há de fazer brotar de todos os corações a caridade e o amor do próximo e estabelecer entre os humanos uma solidariedade comum (...)". E a lei do progresso, a que a Natureza está submetida, que se cumpre, e o Espiritismo é a alavanca de que Deus se utiliza para fazer que a Humanidade avance "*.[4]

Pilatos, embevecido pelas ilusões do poder material e receoso de que alguém pudesse tomar-lhe as regalias de seu domínio, no célebre diálogo anotado por João[5], pergunta a Jesus se ele era o Rei dos Judeus como se propagava. Jesus, porém, com a serenidade de guia e modelo da Humanidade, respondeu: – "Meu reino não é deste mundo". Nesta resposta deixa a importante lição ao interlocutor: que não estava preso pelo domínio da matéria e fica claro, também, a idéia da "vida futura", que deve ser a preocupação de todos, pois este deve ser o objetivo, já que aqui estamos como viajantes em estágio temporário.

A idéia da vida futura é de fundamental importância para se entender os ensinamentos transmitidos por Jesus. Com a idéia da unicidade de existência descaracteriza-se a interpretação da maioria dos ensinos morais de Jesus, fixando-se nos conceitos sem lógica com base na fé mística, sem qualquer suporte racional. A fé sem razão não se sustenta por muito tempo, pois, com a maturidade natural do Espírito na caminhada evolutiva, desmorona-se aquilo que foi construído, nas areias movediças das crenças humanas. Alerta Kardec que, *"fé inabalável só o é a que pode encarar frente a frente a razão, em todas as épocas da Humanidade"*.[6] A beleza das "Bem-aventuranças" – o coração da Boa Nova – perderia o seu perfume e sua mensagem consoladora ficaria muito aquém de toda força moral. Quando Jesus orienta que: são "Bem-aventurados os aflitos, porque serão consolados", a sua promessa só pode ser entendida como realização em uma vida futura.

Ensina Kardec[7] que: *"Somente na vida futura podem efetivar-se as compensações que Jesus promete aos aflitos da Terra. Sem a certeza do futuro, estas máximas seriam um contra-senso; mais ainda: seriam um engodo. Mesmo com essa certeza, dificilmente se compreende a conveniência de sofrer para ser feliz"*. Inúmeras indagações poderiam ser feitas: por que uns nascem na opulência e outros na extrema pobreza? Uns, com saúde perfeita, enquanto outros, com doenças incuráveis por uma vida inteira? A uns tudo parece sorrir, e a outros, só sofrimento? Homens virtuosos sofrem, enquanto desonestos prosperam?

Ensinar a fé no futuro pode consolar, mas não explica as causas dessas diferenças entre as criaturas. Ora, se Deus é bom, jamais usará de discricionariedade nas Suas Leis.

Todo efeito tem uma causa. *"Logo, as vicissitudes da vida derivam de uma causa e, pois que Deus é justo, justa há de ser essa causa"*.[8] Mudando as regras morais antes praticadas, baseadas na unicidade das existências, Jesus mostra aos homens que cada um é o operário de seu progresso evolutivo numa seqüência de vidas sucessivas, pois, é *"preciso nascer de novo para desenvolver o Reino dos Céus"* – semente divina em gérmen em toda criatura. Com o advento da Doutrina Espírita a vida futura não fica apenas na fé ou numa hipótese, pois Espíritos através da comunicação mediúnica vêm dar-nos respostas a certas aberrações que assistimos diariamente, e que, sem a pluralidade das existências seria incoerente a idéia de um Deus bom e justo.

Com a fé na vida futura passamos a ter compreensão clara sobre os reais objetivos da vida terrena e das diferenças de toda natureza a que assistimos todos os dias entre os homens; aquilo que pode chocar os incautos fica muito claro mediante a justiça das vidas sucessivas. Com Jesus e com o esclarecimento da luz do Espiritismo uma nova moral começa a se desenvolver e uma nova maneira de encarar as adversidades da vida passa a fazer parte de nossas reflexões.

Pela simples compreensão na existência da vida futura alteram-se os padrões da *moda moral*, em que a Terra vivia há numerosos milênios. Em várias passagens dos Evangelhos Jesus afirma: *"Tendes ouvido o que foi dito... mas eu vos digo*:... Numa alusão ao que era ensinado pela lei dos homens – que era a lei moral dos livros sagrados – para em seguida apresentar o outro lado, isto é, o conceito moral sem as enxertias – *planta que não foi plantada pelo Pai*. O conselho de Jesus era para que não houvesse revides e que a única forma de dissolver o mal era demonstrar o outro lado, isto é revelar forças diferentes. Diante de tantos conceitos, já cristalizados no comportamento dos homens, eis algumas recomendações de ações com forças diferentes, asseverando sempre:"Tendes ouvido dizer o que foi dito" (...):

AS RIQUEZAS – (...), mas ajuntai tesouros no céu onde nem a traça nem a ferrugem destroem e onde os ladrões não arrombam e nem furtam.

O PERDÃO – (...) Perdoar não sete vezes, mas setenta vezes sete, isto é, quantas vezes forem necessárias.

OS INIMIGOS – (...) Amai os vossos inimigos e orai pelos que vos perseguem, fazei o bem aos que vos odeiam. E ainda: Reconcilia-te depressa com os Teus adversários.

OS JURAMENTOS – (...) Seja, porém, o seu "Sim", sim, e o vosso "Não", não.

A JUSTIÇA – (...) Não resistais ao homem mau. Se alguém te bater na face direita, oferece-lhe também a outra.

ADULTÉRIO – (...) Eu, porém, vos digo: Qualquer que olhar para uma mulher com intenção impura, no coração, já adulterou com ela.

ORAÇÃO – (...), mas tu, quando orares, entra no teu aposento, e, fechando a tua porta, ora ao teu Pai que está em secreto. E teu Pai, que vê secretamente, te recompensará.

Quem tão bem compreendeu esse novo padrão de comportamento ensinado por Jesus – "Eu, porém, vos digo" – expressando comportamento contrário, com toda sublimidade da alma em êxtase, foi o jovem Bernardone, que abandonou a riqueza do lar paterno para se dedicar aos pobres, na famosa "Prece de São Francisco de Assis":

Senhor,
Fazei de mim um instrumento de vossa paz !
Onde houver ódio, que eu leve o amor,
Onde houver ofensa, que eu leve o perdão.
Onde houver discórdia, que eu leve a união.
Onde houver dúvida, que eu leve a fé.
Onde houver erro, que eu leve a verdade.
Onde houver desespero, que eu leve a esperança.
Onde houver tristeza, que eu leve a alegria.
Onde houver trevas, que eu leve a luz!
Ó Mestre,
fazei que eu procure mais
Consolar, que ser consolado.
Compreender, que ser compreendido.
Amar, que ser amado.
Pois é dando, que se recebe.
Perdoando, que se é perdoado e
é morrendo, que se vive para a vida eterna!

Com Jesus e com o esclarecimento da luz do Espiritismo uma nova moral começa a se desenvolver e uma nova maneira de encarar as adversidades da vida passa a fazer parte de nossas reflexões.

---

[1] 1 Samuel, 15:3.
[2] Lv. 20:18.
[3] Ex. 31:15.
[4] KARDEC, Allan/Mulhouse. *O Evangelho segundo o Espiritismo*, item 9, cap. 1.
[5] João, 18:33-37.
[6] KARDEC, Allan. *O Evangelho segundo o Espiritismo*, Cap. XIX, item 7.
[7] Id., ibid, cap. II, item 2.
[8] Id., ibid, Cap. V, item 3.

11. Praticando o perdão

"Contra o uso da condenação metódica,
oferece a prática do perdão".
(XAVIER, Francisco Cândido. Pensamento
e Vida, pelo Espírito Emmanuel, p. 97).

Perdendo-se na noite dos tempos, uma das leis mais antigas do mundo tinha por base o princípio da "retaliação eqüitativa". Era um costume aceito sem contestação, pois tratava-se de um hábito milenar, e estava de tal forma cristalizado no comportamento do povo que ninguém ousava mudar, por entender ser moralmente a melhor forma de se fazer justiça.

Era a *lex talionis* (lei de Talião), encontrada nos livros do Velho Testamento, em três citações: 1. "Olho por olho, dente por dente, mão por mão, pé por pé" (Êxodo 21:24); 2. "Quebradura por quebradura, olho por olho, dente por dente. Assim como desfigurou a algum homem assim será desfigurado" (Levítico 24:20); 3. "Não terás piedade dela: vida por vida, olho por olho, dente por dente, mão por mão, pé por pé". (Deuteronômio 19:21). Tinha por objetivo conter a vingança ilimitada. Devia ser entendida como (apenas) "olho por olho" e (apenas) "dente por dente". "Não tinha por objetivo aplicar a justiça com as próprias mãos, num processo de retaliação individual, pois quem aplicava a pena era o Tribunal, por intermédio do juiz".[1]

Jesus agora muda totalmente a óptica da aplicação da justiça: da retaliação individual para nenhuma retaliação, segundo a prática do perdão. Depois de dizer: "Ouvistes o que foi dito" (referindo-se à lei humana), ensinando um novo modelo de comportamento assevera: "Eu, porém, vos digo": e recomenda um novo conceito da não-agressão: "Mas se alguém te bater na face direita, oferece-lhe também a outra". – "Se alguém quiser demandar contigo e tirar-te a túnica, deixa-lhe também a capa". – "Se alguém te obrigar a caminhar uma milha, vai com ele duas". – "Dá a quem te pedir, e não te desvies daquele que quiser que lhe empreste".[2]

Diante da advertência do Mestre para que manifestasse "ação contrária" àquela praticada pelo adversário, muitos intérpretes de má fé passaram a explicar essa posição oposta como ato de covardia, sem entender a essência psicológica do ensinamento.

O que Jesus ensina é a não continuidade da desarmonia, que não se respondesse o mal com o mal; é a prática da não-retaliação, que obsta a não-perpetuação do ódio e das desavenças entre as pessoas. Diz-se, no ditado popular, que "gasolina não apaga fogo!" Ora, muitas vezes, diante da desordem emocional, manifestada na discussão acirrada, há necessidade da calma, da "água do entendimento" por uma das partes, para que os ânimos se asserenem. Usar das mesmas armas, na mesma proporção, é adentrar-se no terreno perigoso das desarmonias, que levam a conseqüências imprevisíveis.

A orientação do Cristo não tem nada de idéia de covardia ou de fraqueza mas sim, chamando-nos à consciência, mostra que o adversário demonstra desequilíbrio e, por essa razão, perdeu o controle emocional. Portanto, somente agindo de forma contrária é possível conseguir-se demonstrar a superioridade moral, o que muitos ainda não entendem e que só o tempo se encarregará do desenvolvimento, da maturidade necessária, para esse entendimento.

Orienta Emmanuel que: *"O único recurso para conter um homem desvairado, compelindo-o a reajustar-se dignamente, é conservar-se o contendor ou os circunstantes em posição normal, sem cair no mesmo nível de inferioridade"*.[3]

Contra o uso da condenação metódica, baseada na *Lei de Talião*, é de beleza ímpar a cena imorredoura, que nos forma na tela mental, na figura da mulher adúltera.[4] No Templo, Jesus estava sentado, ensinando a todos, quando professores da lei e os fariseus levaram a Jesus uma mulher apanhada em adultério e a obrigaram a ficar de pé no meio de todos. Eles disseram:

— Mestre, esta mulher foi apanhada no ato de adultério. De acordo com a Lei que Moisés nos deu, essas mulheres devem ser mortas por pedradas. Agora, que diz o senhor sobre isso?

Eles fizeram essa pergunta para pegarem Jesus em contradição, pois queriam acusá-lo. Se dissesse que cumprisse a lei do apedrejamento estaria contrariando os seus próprios ensinamentos da não-agressão, baseados no amor; se, por outro lado, dissesse que deveria perdoar-lhe, estaria contrariando a lei de Moisés e seria acusado de descumpridor da lei. Mas ele se curvou e começou a escrever no chão com o dedo. Que escreveria ele? O nome do adúltero que fugira? O nome do marido ferido em seu orgulho que permitia que sua esposa fosse apedrejada? Ou será que grafava a marca moral do erro de cada um de nós? Pouco importa. Como eles continuassem a perguntar, Jesus endireitou o corpo e disse:

— **Quem estiver sem pecados que atire a primeira pedra nesta mulher!**

Diz Emmanuel que *"a atitude do Mestre, naquela hora,*

caracterizou-se por infinita sabedoria e inexcedível amor. Jesus não podia centralizar o peso da culpa na mulher desventurada e deixando perceber o erro geral – indagou dos que se achassem sem pecado".[5]

Depois se curvou outra vez e continuou a escrever no chão. Quando ouviram isso, todos foram embora, um por um, começando pelos mais velhos. Ficaram a sós, Jesus e a mulher, e ela continuou ali de pé. Então Jesus de novo endireitou o corpo e disse:

— Mulher, onde estão eles? Ninguém ficou aqui para condená-la?

— Ninguém, Senhor – respondeu ela.

— Eu também não a condeno. *Vá e não peques mais!* – disse-lhe Jesus.

Daí Jesus sabiamente advertir: *"não julgueis, para não serdes julgados"*, porque o nosso julgamento está sempre vinculado à cartilha de nossa vivência e todas as vezes que julgamos, nós o fazemos dentro das normas criadas para nós, que julgamos como corretas. E será que estão corretas? Muitas vezes aquilo que criticamos hoje, amanhã acharemos perfeitamente normal. Assim, toda e qualquer postura que assumimos, está modelada, na intimidade de nosso psiquismo, de acordo com o "código moral" que temos como referencial.

A idéia do perdão, pela óptica espírita, encaixa-se perfeitamente no sentido ensinado por Jesus que propôs: ao invés da aplicação da justiça pela Lei de Talião, baseada na retaliação individual, para nenhuma retaliação. Ora, pelas nossas escolhas, com base no livre-arbítrio, estamos sujeitos a errar, o que é perfeitamente cabível dentro das Leis de Deus. Por isso, por errarmos em nossas escolhas, segundo a óptica espírita, não existe pecado, castigo nem mesmo o perdão gratuito, como ensinado pelas religiões convencionais, mas sim o crescimento. Quando agimos em desacordo com as Leis Divinas, recebemos o "alarme" pela dor ou sofrimento, que nos obrigam a repensar nossas ações e voltar à normalidade.

> *O que Jesus ensina é a não continuidade da desarmonia, que não se respondesse ao mal com o mal; é a prática da não-retaliação, que obsta a não-perpetuação do ódio e das desavenças entre as pessoas.*

---

[1] MOUNCE, Robert H. *Novo Comentário Bíblico Contemporâneo*, p. 60.

[2] Mateus, 5:38-42. A lei judaica exigia que ninguém fosse privado de sua capa à noite (Êxodo, 22:26-27) por que, de outro modo, o pobre não teria coberta para cobrir-se. Jesus aconselha que se entregue à pessoa a túnica e também a capa. É óbvio que tal palavra não deve ser interpretada de forma estritamente literal. Jesus não está recomendando que seus discípulos deixem o Tribunal nus! (Robert Mounce).

[3] XAVIER, Francisco Cândido. *Vinha de Luz*, pelo Espírito Emmanuel, lição 63.

[4] João, 8:4.

[5] XAVIER, Francisco Cândido. Lição 85, *Pão Nosso*, pelo Espírito Emmanuel, lição 85.

12. Fraternidade legítima

*"À tradição da raça opõe o fundamento
da fraternidade legítima".
(XAVIER, Francisco Cândido. Pensamento e Vida,
pelo Espírito Emmanuel, p. 97).*

Define-se raça como o conjunto dos ascendentes e descendentes de uma família, uma tribo ou um povo, que se origina de um tronco comum. Nesse sentido pode-se dizer: raça de Davi; raça da estirpe de Moisés; raça espanhola, raça indígena, raça amarela, raça branca, raça negra, raça dos samaritanos.

Os gregos discriminavam outros povos em relação à cultura ou que identificassem certa diferença com sua tradição. Eles chamavam de "bárbaro" qualquer pessoa que não falasse sua língua, mas, desde que aprendesse, não havia mais qualquer discriminação.

Por ocasião do dramático período da Inquisição, no final de século XV, os espanhóis obrigam os judeus a converterem-se ao Catolicismo, mas estes cristãos-novos não abandonaram seus rituais; os católicos chegam a crer que deveriam ter algo diferente no sangue que dificultava a sua conversão completa. Para eles seria problema de miscigenação, o que deveria se evitar para que o sangue não misturasse na população.

Quando da chegada dos Europeus na África e na

América encontram um ser humano completamente diferente daqueles que conheciam. Até aquela época a Humanidade era tão-somente a Europa. Não se fala em branco; esse conceito surgiu quando os europeus defrontaram com a população negra. O conceito de branco não existia antes de conhecerem os negros.

Os teólogos da época discutiam se os índios tinham alma com o objetivo de saber, por exemplo, se ter relações com eles era pecado. Os "religiosos" aceitavam com naturalidade a escravidão dos negros africanos e a justificava baseando-se na passagem bíblica em que Canaã é castigado à servidão, por seu pai Noé. Diz ele: "maldito seja Canaã! Servo dos servos seja aos seus irmãos".

Deixando as explicações bíblicas de lado, os pesquisadores, por volta do século XVIII e principalmente do século XIX, procuram dar argumentação científica para as diferenças grupais. Chegam à conclusão que a miscigenação é a causa da decadência de um povo e chegam ao absurdo em afirmar que a raça alemã era superior às demais. Hitler comandou a morte de 6 milhões de judeus para extirpá-los da Europa e criar uma raça alemã pura superior a todas as demais.

Todas essas teorias caíram por terra no século XX. O tipo de discriminação que elas pregam, atualmente, permanece vivo em muitas pessoas. "É uma ideologia que se reproduz facilmente e que está sempre ligada à dominação de um grupo sobre o outro", diz o antropólogo Kabengele Munaga. Ou seja, em qualquer aspecto psicológico o racismo não tem motivos para cultivá-lo... "Ele é um sistema de levar vantagens sobre outras pessoas e manter privilégios", afirma a psicóloga Maria Aparecida Silva Bento, Coordenadora do Centro de Estudos das Relações de Trabalho e Desigualdades (Ceert).

Nos últimos 100 mil anos os seres humanos que

surgiram na África e se espalharam pelo mundo, hoje em torno de seis bilhões, são praticamente idênticos. As únicas diferenças que a espécie humana sofreu foram relacionadas às pequenas adaptações com os diferentes ambientes (mudanças apenas exteriores para melhor lidar com lugares frios, secos ou com ventos mais fortes). No entanto, em razão dessa capacidade de adaptação foram surgindo diferenças exteriores, levando pessoas, sem qualquer fundamentação científica, a estabelecer-lhes capacidades e defeitos. Quantas pessoas foram levadas à escravidão, mortas e discriminadas apenas, e, tão-somente, pela aparência física?

Para o antropólogo negro Paul Gilroy, da Universidade de Yale, Estados Unidos, considerado um dos intelectuais de maior destaque na atualidade, o conceito de "raça" deveria simplesmente ser abolido. Ele afirma que esse termo é uma categoria falsa, criada com fins discriminatórios, que não traz avanços nem faz sentido no mundo de hoje. Muitos acham que enquanto o racismo não acabar, não é possível abandonar a idéia de raça.[1] Modernamente os antropólogos usam a expressão "etnia"...

Possuímos o mesmo potencial divino com as mesmas possibilidades de desenvolvimento. Basta que sejam dadas as condições favoráveis. Todos fomos criados simples e imperfeitos e pelo esforço próprio, sem qualquer diferença física, atingiremos – um dia – a condição de Espíritos Puros.

A chamada "tradição de raça" engessa as pessoas a uma prisão discriminatória, afastando-as da fraternidade que deve reinar entre todos, sem distinção de qualquer natureza. Origina-se, por conseqüência, o racismo como uma discriminação no tratamento que as criaturas atribuem, procurando esfacelar a auto-estima e o patrimônio de seu semelhante ou de um determinado grupo de pessoas, tendo por critérios sexo, condição econômica, cor de pele, origem etc.

Referindo-se ao povo judeu, à época de Jesus, havia uma forte tendência discriminatória entre seu povo, que seria superior entre os demais que eram chamados de gentios (estrangeiros). Deus era de caráter regional e era uma "propriedade" de seu povo. Era o "Deus de Israel". Acreditava-se que o seu Deus era superior aos demais. É bem verdade que coube aos judeus o conceito de Deus único, mas era um Deus discriminatório que protegia seu povo; basta destacar a absurda idéia de "Deus dos Exércitos", sempre pronto a proteger os judeus contra as outras nações. Os filhos de outros povos não eram também filhos de Deus? Que dizer do Deus que abre passagem pelo meio do Mar Vermelho para os filhos de Israel – povo de Deus – passarem, e, em seguida, fecha para matar os inimigos.[2] Deus tem inimigos? Ou então, a já citada passagem bíblica que o Criador mandou Saul aniquilar todos os amalequitas, orientando que matasse todos: homens e mulheres, meninos e crianças de peito etc...[3] Quantos disparates! Deus é universal e não pertence particularmente a um povo; e, sendo amor, nunca mandaria matar! Aliás, trata-se de uma contradição: o Deus, do Decálogo, manda "não matar!"

"Segundo eles, a observância das leis de Deus (entenda que em muitos casos era lei dos homens) era recompensada com os bens terrenos, com a supremacia da nação a que pertenciam, com vitórias sobre os seus inimigos. As calamidades públicas e as derrotas eram o castigo da desobediência àquelas leis. Moisés não pudera dizer mais do que isso a um povo pastor e ignorante, que precisava ser tocado, antes de tudo, pelas coisas deste mundo" (*O Evangelho segundo o Espiritismo, cap. II, item 3*).

Mais tarde, Jesus revelou a existência de outro mundo ao asseverar que: "Na Casa de meu Pai há muitas moradas", e que, a justiça de nossas ações não era tão-só deste mundo terreno, mas teria seqüência pela lei das vidas sucessivas, em outras instâncias celestes. Adverte ele: "Aquele que não nascer de novo não pode ver o Reino de Deus". A vida continua após a transitória passagem pela vida terrena. Nada de vitória física sobre os seus inimigos, mas vitória sobre si mesmo; as calamidades públicas e as derrotas não se caracterizam como castigos de Deus, que, afinal, é sempre amor! Pecado, céu/inferno, purificação, perdão gratuito etc. são conceitos que se opõem à visão espírita em relação ao homem e ao mundo.

Os fariseus foram, certa vez, admoestados por Jesus em razão do apego às tradições do povo e, no fundo, estavam contrariando os Mandamentos de Deus, ao censurar: *"Por que transgredis vós também os mandamentos de Deus por causa da vossa tradição?"*[4] Ele os chamou de hipócritas afirmando que eles cultuavam Deus com os lábios, mas o coração estava longe de Deus. Eram legalistas que manipulavam a lei para tirar vantagem pessoal.

Um dos mais lindos textos da Boa Nova e que combate a idéia de tradição de raça, e que exalta a força da fraternidade, é a do Bom Samaritano.[5] Saliente-se que os judeus não se davam com os samaritanos; eram estes descendentes de colonos gentios que vieram para Israel, depois da queda de Samaria. Nesse texto não se exprime a idéia preconceituosa de religião, mas a da religiosidade. Nessa história, ilustra o Cristo o encontro do ser consciente com o seu reino interior, independente de filiação a qualquer pensamento religioso. A verdadeira religião não consiste em qualquer sistema, credo ou rito, mas no cumprimento de atos de amor que se pode proporcionar aos semelhantes.

Ao contar a história Cristo mostrou que o "nosso próximo", aquele ao qual prestamos o nosso apoio é o que se encontra perto de nós, independente de qualquer distinção; não quer dizer simplesmente alguém da mesma crença, cor, posição social, raça etc. Nosso próximo é todo aquele que necessita de nosso auxílio. Nosso próximo é o companheiro de jornada que necessita de nossa ajuda, naquele momento. Discricionariamente, de acordo com o Levítico (19:18), só os israelitas são o "próximo". No entanto, Jesus dá conotação universal ao mandamento, descaracterizando-se o sentido de aplicação seletiva. Como bem ilustra a parábola do bom Samaritano, é o homem – renegado pelos judeus – que trata o estrangeiro como se fora seu vizinho, o seu próximo, quem na verdade aplica a Lei de Deus.

Desta forma, o que vemos é que Jesus combateu a idéia da discriminação contida na interpretação facciosa da lei e na tradição da raça cultuada pelos judeus, apegados mais à forma que à essência, ampliando o conceito estreito de "próximo", de só para o seu povo, para a universalização do amor, o que levou Emmanuel a afirmar: "À tradição da raça opõe o fundamento da fraternidade legítima".

Cristo mostrou que o "nosso próximo", aquele ao qual prestamos o nosso apoio é o que se encontra perto de nós, independente de qualquer distinção; não quer dizer simplesmente alguém da mesma crença, cor, posição social, raça etc.

---

[1] Os dados históricos e científicos contidos nesta lição foram extraídos da Revista Superinteressante, *Vencendo na Raça* ed. 187, abril/2003, p. 42-52.
[2] Ex. 14:15-31.
[3] 1Samuel, 15:3.
[4] Mateus, 15:3.
[5] Lucas, 10:25-37.

13. As bem-aventuranças eternas:
"A constituição espiritual do reino de Deus"

> *"No abandono à tristeza e ao desânimo, nas horas difíceis, traz a noção das bem-aventuranças eternas para os aflitos que sabem esperar e para os justos que sabem sofrer".*
> *(XAVIER, Francisco Cândido. Pensamento e Vida, pelo Espírito Emmanuel, p. 97-98).*

Jesus, como divisor das águas, entre os velhos costumes e a proposta da renovação humana, nos traz nas aflições e nas horas difíceis uma nova *moda moral*, com *as bem-aventuranças eternas*: um programa de ação para os Espíritos – encarnados e desencarnados – onde encontramos a resposta para as mais diversas situações e a ancoragem segura para o barco de nossas reflexões em desalinho. Para alguns estudiosos, o Sermão do Monte é o Evangelho resumido, representa a "alma do Evangelho", sendo tão importante para a Humanidade que Mahatma Gandhi, o grande líder hindu, afirmou que, mesmo que todos os livros sagrados se perdessem, por si só, ele, o Sermão do Monte, preservaria o patrimônio espiritual da espécie humana de todos os tempos...

Constitui-se de um roteiro ativo para o desenvolvimento ético-moral, com a descrição de como devemos proceder para conquistar o Reino de Deus. Suas promessas orientam e encaminham a criatura ao trabalho persistente, no desenvolvimento de seus potenciais divinos, em gérmen em cada consciência. Embora Jesus coloque em termos absolutos esse convite, ao dizer: *"Sede vós, pois, perfeitos, como perfeito é o vosso Pai que está nos céus"*[1], este ensinamento, porém, é apenas um parâmetro ou um ideal de conquista, como o são todos os ensinos ético-morais. Kardec ensina que, "tomado ao pé da letra", esse chamamento dá-nos a entender a possibilidade de se atingir a perfeição absoluta, o que é inadmissível". Jesus, porém, limitou-se a apresentar aos homens um modelo de conduta e que cada um se esforçasse para atingi-lo. Por estas palavras, *sede perfeitos*, há de se entender, portanto, uma perfeição relativa, dada a impossibilidade de se igualar a criatura ao Criador.

Vários intérpretes deste sermão chamam também essas bem-aventuranças de a "Carta Magna" do Reino de Deus, ou seja, a "Constituição Espiritual do Reino de Deus". Todas as demais orientações, ensinadas por Jesus ao longo do Evangelho, têm por base os princípios dessa Constituição. Aquilo que estiver em dissonância com esta "Carta Maior do Reino de Deus" carece de análise racional, pois, conforme afirmou Kardec, *"no Cristianismo encontram-se todas as verdades; são de origem humana os erros que nele se enraizaram"*.[2] Os Evangelhos sofreram adulteração ao longo dos séculos; primeiro temos que verificar se realmente Jesus pronunciou determinadas palavras, ou se houve falha de tradução de uma língua para outra, ou ainda, se colocaram em sua boca, por interesses de grupos religiosos, certos conceitos – que ele jamais proferiu – como bem analisou Kardec, no *O Evangelho segundo o Espiritismo*. Se estiver em confronto com os princípios dessa Constituição Espiritual, certamente, não há de ser aceito. Tanto que Jesus[3] afirmou que *"toda planta que não foi plantada pelo Pai será arrancada pela raiz"*.

Vamos explicar, portanto, as bem-aventuranças como uma "Constituição Espiritual do Reino de Deus", em contraste com a "Constituição Estatal do Reino terreno", distinguindo, porém quanto aos seus objetivos, forma de elaboração, duração, forma de cobrança de seus tutelados etc. Define-se a Constituição de um Estado ao complexo de regras jurídicas, que dispõem sobre a organização de suas estruturas, a origem e formas de exercício do poder etc. São Leis Maiores para consolidação do Estado Democrático de direito de um povo. Por outro lado, a Constituição Espiritual do Reino de Deus compõe-se de "promessas divinas", que – colocadas em prática, dentro da óptica da pluralidade das existências – desenvolvem na criatura suas potencialidades espirituais. Numa única existência física é impossível a plenitude do desenvolvimento do ser, o que leva os dogmáticos a reflexões fantásticas, exteriorizando-se em verdadeiras "ginásticas mentais" para explicar as bem-aventuranças.

A Constituição Estatal é composta de leis humanas, promulgadas pelos parlamentos, sendo, portanto mutáveis de acordo com as necessidades sociais, em determinados momentos históricos. A Constituição Espiritual do Reino de Deus é eterna, composta de orientações ético-morais e o seu desenvolvimento é um processo pessoal, intransferível a terceiros, cuja construção se faz por esforço pessoal nas várias existências sucessivas.

O Sermão do Monte começa com uma série de exclamações a respeito da felicidade que cada ser humano, de *per si*, alcançará com o eclodir suave do Reino de Deus em seu ser. A forma utilizada por Jesus, segundo as anotações de Mateus, é similar àquela empregada no Antigo Testamento, principalmente no Livro dos Salmos. O termo usado é "Bem-aventurado", seguido das promessas. "Bem-aventurado o homem que não anda segundo o conselho dos ímpios, nem se detém no caminho dos pecadores, nem se assenta na roda dos escarnecedores".[4] "Bem-aventurados os que habitam em sua casa; louvar-te-ão continuamente".[5] "Bem-aventurado o homem cuja força está em ti, em cujo coração estão os caminhos aplanados".[6]

O sentido do termo "bem-aventurado" está relacionado à palavra grega *makarios*, que é sinônimo de "feliz". Assim, o "bem-aventurado" é aquele que manifesta alegria, cujo segredo está na descoberta de que é portador desse Reino divino. Vale dizer: descobre que Deus não está lá fora, mas faz parte de si mesmo. É esse o sentido, dentre outras parábolas, da felicidade do homem que encontrou "um tesouro escondido". Vai, vende tudo o que tem para explorar esse tesouro. Está feliz por ter encontrado o tesouro – Reino de Deus dentro de si – mas isto só não basta; a partir daí começa a grande caminhada da transformação, que será conquistada com o seu próprio trabalho, enfrentando, naturalmente as dificuldades e as angústias, próprias do processo evolutivo, conscientizando-se que este é o caminho de busca dessa felicidade, meta para qual fomos criados. Note-se que Jesus afirma, "bem-aventurados os aflitos, porque **serão** consolados". Trata-se de uma promessa que se projeta para o futuro, mas que serão os próprios Espíritos os artífices desse porvir, esforçando-se aqui e agora e através das reencarnações sucessivas para a transformação gradativa de hábitos profundamente enraizados, muitas vezes seculares em nosso comportamento.

Resumidamente, analisemos essas "promessas" que colocadas em ação, nas várias existências reencarnatórias, serão forças transformadoras de nosso comportamento até o atingimento do *"brilhe vossa luz"*.

Trata-se de uma promessa que se projeta para o futuro, mas que serão os próprios Espíritos os artífices desse porvir, esforçando-se aqui e agora e através das reencarnações sucessivas para a transformação gradativa de hábitos profundamente enraizados.

---

[1] Mateus, 5:48.
[2] KARDEC, Allan. *O Evangelho segundo o Espiritismo*, cap. VI, item 5.
[3] Mateus, 15:13.
[4] Salmo, 1:1.
[5] Salmo, 84:4.
[6] Salmo, 84:5.

13.1. As bem-aventuranças por Emmanuel

> "A sabedoria de Deus está na liberdade de escolher o
> caminho que Ele deixa a cada um, porquanto, assim, cada
> um tem o mérito de suas obras".
> (Kardec, Allan. O Livro dos Espíritos, Questão 123a).

Na lúcida sabedoria de Emmanuel, um dos Espíritos de escol, que por intermédio da psicografia de Chico Xavier, legou-nos as mais belas e profundas interpretações sobre os Evangelhos, afirmando, na lição 89 do *Pão Nosso*, que "o problema das bem-aventuranças exige sérias reflexões, antes de interpretado por questão líquida, nos bastidores do conhecimento".[1]

Na leitura pura e simples das bem-aventuranças, sem uma atitude de profunda espiritualidade, apenas sob a óptica da intelectualidade mundana, a criatura jamais conseguirá sentir sua profundidade e a força de sua essência, como um roteiro racional para o crescimento do ser no desenvolvimento de sua potencialidade divina. Por essa razão, Huberto Hohden aconselha que, "antes de ler as bem-aventuranças, deverá se colocar no mesmo ambiente interior em que elas foram vividas por Jesus, pois enquanto o homem não estiver sintonizado com a alma divina do Universo, não terá condições de assimilar suas belezas espirituais".[2]

É em estado de profunda meditação, de verdadeira humildade de coração que Deus nos fala à alma e a compreensão das bem-aventuranças flui, por conseqüência, naturalmente em nosso interior. É nessa posição de simplicidade de coração que Jesus ensina o roteiro para a sintonia com o Deus Interior, pois enquanto estivermos presos aos preconceitos do mundo e exteriorizando a soberbia egoística de nossos "saberes", não conseguiremos que fluam as benesses do amor divino sobre nós que irradia a luz do verdadeiro entendimento. Afirmou Pedro: *"Deus resiste aos soberbos e dá sua graça aos humildes"*.[3] E diz ainda Jesus, nessa linha de ensinamentos: *"Eu te agradeço, meu Pai, que revelaste estas coisas aos simples e pequeninos e as ocultastes aos eruditos"*.[4]

Emmanuel, na citada lição acima, diz que Jesus confere a "credencial de bem-aventuranças aos seguidores que lhe partilham as aflições e trabalhos". Ensina com isso, que esse título de bem-aventurado não é conquistado pela prática de meras formalidades ritualísticas dentro dos templos religiosos, mas no templo da alma e que estas aflições que se exteriorizam em sofrimentos e sacrifícios são terapias necessárias à correção de nossos rumos. Devem ser entendidas não como castigo de Deus, mas sim bênçãos regeneradoras que nos educam para a felicidade.

Não tem esse crédito a criatura que ainda não entendeu o sentido da dor, em suas várias nuances – aflições, tristezas, angústias, sofrimento, apreensões, frustrações, coisas do gênero – como processo educativo terapêutico, pois ela resulta sempre de ações discordantes às Leis Divinas. Ao invés de revolta haveremos de entender como "alerta", como o "tilintar de uma campainha", que nos desperta a consciência para rever nossas condutas. Ninguém sofre por conta dos pais ou de outros, mas sim pela livre escolha de nossas ações, pois nem sempre escolhemos o melhor caminho e a dor como "sinete" nos chama à conduta correta. Os Embaixadores Sublimes asseveram que: "A sabedoria de Deus está na liberdade de escolher o caminho; então, que Ele deixa a cada um, porquanto, assim, cada um tem o mérito de suas obras". (O Livro dos Espíritos, Questão 123a).

Estão credenciados ainda a serem chamados de bem-aventurados os que exercitam, segundo Jesus, (O Livro dos Espíritos, Questão 886), a verdadeira caridade – benevolência para com todos, indulgência para com as imperfeições alheias e perdão das ofensas – e, no dizer de Emmanuel "por encontrar alegria na simplicidade e na paz e por saberem guardar no coração longa e divina esperança".[5]

Nem todos estão aptos, em razão da imaturidade em que se encontram na escala evolutiva, de entender o verdadeiro sentido desse "tesouro imenso" que Jesus ensinou aos homens. É óbvio que, como a Natureza não dá saltos, todos um dia conseguirão exteriorizar no seu comportamento a essência das bem-aventuranças. Há tempo certo para tudo. Por essa razão, Deus concede aos seus filhos o livre-arbítrio e compreende a diversidade de estágios evolutivos em que cada um se encontra. E comparando o despertar natural da consciência humana com o crescimento também natural das sementes, no laboratório da terra, ensina amorosamente que: *"porque a terra por si mesma frutifica, primeiro a erva, depois a espiga, e por último grão cheio na espiga"*.[6]

Assim sendo, diz Emmanuel[7] que a grande maioria das criaturas, em razão do estágio em que se situa, encontra dificuldades na conquista do título de bem-aventurados, pois, se:

• Visitada pela dor, por não entenderem o seu sentido educativo, preferindo a lamentação e o desespero;
• Convidados ao testemunho de renúncia resvalam para a exigência descabida e,
• Quase sempre, ao invés de trabalharem pacificamente, lançam-se às aventuras indignas de quantos se perdem na desmesurada ambição.

Eis aí a importância do conhecimento da Doutrina Espírita, que não transmite *fé cega* às pessoas, mas uma filosofia de consolo baseada na lógica e na razão, diante dos problemas da vida. Ao invés de revolta a compreensão. Nada de projetar nos outros aquilo que nós mesmos devemos realizar para o nosso próprio bem. Saber que a dor é remédio na cura de nossos desvios, que renunciar com alegria é privilégio cristão e que o trabalho pacífico edifica para a eternidade – eis o ensino fundamental da III Revelação ou Espiritismo...

Na conclusão do texto Emmanuel encerra magistralmente, lecionando que: "Ofereceu Jesus muitas bem-aventuranças. Raros, porém desejam-nas. É por isso que existem muitos **pobres** e muitos **aflitos** que podem ser grandes necessitados no mundo, mas que ainda não são benditos no Céu". É por essa razão que as bem-aventuranças exigem muita reflexão. Não é sendo pobre e aflito que se tem credencial do Reino dos Céus, que é conquista interior do ser em evolução. A Terra está repleta de pobres e aflitos e que não são bem-aventurados. Como diria Jesus: *Veja quem tem olhos de ver!* Ou Paulo: *acorda, tu que dormes!*

Antes de ler as bem-aventuranças, deverá se colocar no mesmo ambiente interior em que elas foram vividas por Jesus, pois enquanto o homem não estiver sintonizado com a alma divina do Universo, não terá condições de assimilar suas belezas espirituais.

---

[1] XAVIER, Francisco Cândido. *Pão Nosso*, pelo espírito Emmanuel, lição 89.
[2] ROHDEN, Huberto. *Sabedoria das parábolas*, p. 166-167.
[3] 1Pedro, 5:5.
[4] Lucas, 10:21.
[5] Id. ibid.
[6] Marcos, 4:28.
[7] Id. Ibid, lição 89.

13.2. Classificação das bem-aventuranças

> *"Enfim, como a flor de estufa, não suportava agora o clima das realidades eternas. Não desenvolvera os germes divinos que o Senhor da Vida colocara em minh'alma. Sufocara-os criminosamente, no desejo incontido do bem-estar".*
> *(XAVIER, Francisco Cândido. Nosso Lar, pelo Espírito André Luiz, p.19).*

Constitui-se a "Carta Magna do Reino de Deus" em roteiro imprescindível para as modificações necessárias dos velhos costumes comportamentais, e a implantação de hábitos edificantes. O nosso objetivo é aprender como cada promessa de Jesus, quando conscientizada, poderá ajudar na transformação dos velhos hábitos, muitas vezes, enraizados profundamente em nosso ser ao longo dos tempos.

Precisamos preliminarmente estabelecer o sentido didático desta classificação e buscar o sentido real, ou seja, aquilo que Jesus exteriorizou de seu EU profundo, no momento de extravasamento em êxtase, no seu encontro com Deus, em sua intimidade; Disse ele, *"Eu e o Pai somos um"*. Nesse estágio de beatitude Deus flui de sua alma pura e grandiosa, para revelar as belezas das bem-aventuranças, como ensinamentos eternos e válidos, a todas as criaturas que colocarem na prática as suas promessas.

Todos nós, apesar de a grande maioria ainda estar na

condição de "filhos pródigos", teremos o nosso momento de "cair em si". Na imorredoura cena do encontro com o Cristo, Saulo de Tarso, orgulhoso e inflexível doutor da Lei, às portas de Damasco, "curva-se para o solo em pranto convulsivo e interroga com voz trêmula e receosa: Quem sois vós, Senhor? Aureolado de uma luz balsâmica e num tom de inconcebível doçura, responde: Eu sou Jesus..."[1]. Haveremos, também, como Saulo, de perguntar a Deus – a semente plantada nos escaninhos de nossa alma – em profundo êxtase: Pai que queres que eu faça? É o grande momento, entre lágrimas de emoção de felicidade, para se iniciar a jornada da redenção; é como alguém que encontrou um "tesouro oculto" e não o abandona mais, mesmo diante de açoites e sofrimentos, por entender o que é verdadeiramente o sentido das bem-aventuranças!

Não somos forçados a fazer ou aceitar nada. Tudo depende do aproveitamento do tempo que nos é concedido, pois somos dotados do livre-arbítrio. Somos nós mesmos os arquitetos de nosso destino. No mundo espiritual tal como aqui na Terra, continuamos a carregar os mesmos problemas, que aqui não solucionamos. A vida continua. Só mudamos de dimensão. E a mensagem das bem-aventuranças continua a nos iluminar no processo de transformação. André Luiz, na colônia "Nosso Lar", demonstra bem essa situação ao fazer sua passagem para o mundo espiritual alertando-nos:

– "Enfim, como a flor de estufa, não suportava agora o clima das realidades eternas. Não desenvolvera os germes divinos que o Senhor da Vida colocara em minh'alma. Sufocara-os criminosamente, no desejo incontido do bem-estar".[2]

Analisando o texto de Mateus[3], os intérpretes têm comumente classificado em oito o número das bem-aventuranças. Durval Ciamponi[4], conhecido e inspirado escritor espírita, desenvolvendo reflexões sobre a matéria acrescenta mais uma promessa: a nona bem-aventurança, que, assim também o entendemos: *"ide por todo o mundo e pregai o Evangelho a toda a criatura"*.

Analisando as promessas das bem-aventuranças notamos que Jesus dirigiu suas palavras a dois destinatários: à "Humanidade em geral" e "aos discípulos".

> *Não somos forçados a fazer ou aceitar nada. Tudo depende do aproveitamento do tempo que nos é concedido, pois somos dotados do livre-arbítrio. Somos nós mesmos os arquitetos de nosso destino.*

---

[1] XAVIER, Francisco Cândido. *Paulo e Estêvão*, pelo Espírito Emmanuel, p.198.
[2] XAVIER, Francisco Cândido. *Nosso Lar*, pelo Espírito André Luiz, p.19.
[3] Mateus, 5:1-16.
[4] CIAMPONI, Durval. *Reflexões sobre as Bem-Aventuranças*, p. 65-69.

13.3. Bem-aventuranças à humanidade

"As recompensas das bem-aventuranças não estão restritas a uma vida só, mas na multiplicidade das existências que o Espírito em sua trajetória evolutiva labora".

De forma impessoal, independente de vínculo a uma crença religiosa – budistas, cristãos – com todas as suas ramificações -, islamitas, judeus etc. ou, mesmo sem possuir nenhuma crença, as Bem-Aventuranças são endereçadas a todos. Gandhi, grande líder hindu, bem entendeu esse sentido universal do Sermão do Monte, asseverando que, se se perdessem todos os livros sagrados de todas as religiões, este Sermão do Monte por si só, preservaria todos os patrimônios espirituais humanos.

As recompensas das bem-aventuranças não estão restritas a uma vida só, mas na multiplicidade das existências que o Espírito em sua trajetória evolutiva labora. O estado de pureza total de Espírito não se alcança tão-somente na curta viagem de uma encarnação. Pela unicidade de existência as beatitudes ficam sem sentido. Por essa razão, só se compreendem essas promessas se as entendermos no sentido de projeção para o futuro, mediante várias existências, com trabalho pessoal e intenso do Espírito, para sua própria redenção, num estado de intensa espiritualidade.

Sob esta visão: "Quem lê ou ouve estas exclamações de entusiasmo místico num estado de profanidade, ou mesmo de mera intelectualidade, nada sentirá de sua sacralidade. Possivelmente, achá-las-á absurdas e revoltantes. Imagine-se: chamar de felizes os pobres, os sofredores, os injustiçados, os famintos e sedentos, os que sofrem perseguição e difamação! Onde se ouviu maior paradoxo, mais revoltante sadismo, mais acerba ironia!" Serão felizes, de acordo com as promessas de Jesus, aqueles que:

1. *São pobres de Espírito* – Não se trata de pobreza material, mas de simplicidade de coração e humildade de espírito, independente da criatura ser detentora ou não de riquezas materiais.

2. *Choram* – os que entendem o sentido da dor, da tristeza, da aflição e do sofrimento, como mecanismos educativos de "alerta" para a correção de nossos desvios de conduta.

3. *Os mansos* – os que atingiram a suavidade e ternura no coração. "Jesus estabeleceu como lei a doçura, a mansidão, a afabilidade e a paciência, em contraposição à violência e a cólera".[1]

4. *Têm fome e sede de justiça* – refere-se àqueles que, ao invés de se revoltarem, aceitam de bom ânimo as vicissitudes da Vida; submetem-se às provas que lhe são próprias, exercendo sempre o melhor, mesmo que aos olhos dos homens sejam consideradas injustas as referidas provas.

5. *Os misericordiosos* – os que desenvolveram a bondade no coração e fazem o bem sem esperar qualquer recompensa de quem quer que seja. Se encontram ingratidão, isto pouco importa. O que vale é a paz de consciência.

6. *Os puros de coração* – os que se desapegaram de todos os bens e desejos incompatíveis com o mundo divino. Eles verão a Deus, isto é, sentirão Deus fluindo no seu Reino Interior. Jesus via Deus.

7. *Os pacificadores* – aqueles que pacificaram a si mesmos, isto é encontraram a paz, e agora pacificam os outros. Pacífico não é o homem inerte, alheio aos problemas, que vegeta, mas o dinâmico e ativo, tentando solucionar os referidos problemas. Os pacíficos encontram a paz, não a mera ausência de conflitos; é um tipo de paz permanente mesmo diante dos obstáculos.

8. *Os que sofrem perseguição por causa da justiça* – refere-se àqueles que lutam por uma causa nobre, por um ideal sublime, ousando enfrentar os preconceitos de sua época; estes não sentem o peso do sofrimento, por sentirem o jugo suave e o fardo leve. Jesus é o exemplo vivo dessa beatitude.

Por essa razão, só se compreendem essas promessas se as entendermos no sentido de projeção para o futuro, mediante várias existências, com trabalho pessoal e intenso do Espírito, para sua própria redenção, num estado de intensa espiritualidade.

---

[1] KARDEC, Allan. *O Evangelho segundo o Espiritismo,* cap. 9, item 4.

13.4. Bem-aventurança aos discípulos

"Ide por todo o mundo e pregai o Evangelho a toda a criatura".
Jesus – (Marcos, 16:15).

É esta a nona bem-aventurança, sem caráter geral, mas tem ensinamento particular, endereçada diretamente aos discípulos. Estes teriam que enfrentar as mesmas dificuldades enfrentadas por Jesus. Mas eles seriam recompensados com uma grande premiação.

Diante disso, eles estavam encarregados de dar continuidade aos ensinamentos de Jesus, para que estes não ficassem restritos ao povo judeu – que manifestava profundo preconceito em relação aos outros povos, chamados de gentios –, mas tomassem rumos universais. Que a implantação do Reino de Deus no coração dos homens tivesse seqüência, mesmo após o seu desencarne. Recomendava Jesus: *"Ide por todo o mundo e pregai o Evangelho a toda a criatura"*.[1]

Aos discípulos, "Jesus quis dar à sentença um sentido especial (...), pois somente eles defenderiam a causa, seu nome e seu evangelho".[2] Pronuncia aos seus discípulos[3]:

Promessa: "Bem-aventurados sois vós, quando vos injuriarem e perseguirem (...)",
Recompensa: "(...) grande é o vosso galardão nos Céus".

Esse "galardão nos Céus" (prêmio, recompensa), obviamente, não tem nada de material. Sendo o Céu estado d'alma, é a felicidade que gozam aqueles que atingiram estágios psicológicos elevados e adquiriram a credencial de Espíritos Puros, e portanto, não estão mais sujeitos à reencarnação em corpos perecíveis[4]. É fruto do esforço pessoal na construção de seu próprio ser, do bom uso das sucessivas reencarnações, forjando a sua própria redenção.

Mas, não fica somente nisso, continuando a falar, na intimidade, com seus discípulos, assevera que são o "sal da terra", a "luz do mundo". E os alerta a responsabilidade, de não ocultar essa luz, mas resplandecê-la diante dos homens, mediante ações no bem, que refletiria, por conseqüência, a presença do Pai – o Reino de Deus – na intimidade de cada um.

Deixa Jesus essa responsabilidade a todos nós que assumimos as tarefas nas casas religiosas – somos discípulos, por extensão –, seja lá qual for a linha de interpretação, e temos a função de fazer resplandecer a luz de Deus, através de nossas boas ações. Temos que dar continuidade na divulgação das oito Beatitudes à Humanidade, como semeadores nas diversas terras, como nos ensina, magistralmente, na parábola do semeador.

Daí a importância das bem-aventuranças, na formação de novo comportamento, para o desenvolvimento de novos hábitos e fixação daqueles que refletem as Leis Divinas em nossos corações. É nesse sentido que Emmanuel ensina que "o Cristo – como divino marco da renovação da *moda moral* – ofereceu à Humanidade diante da tristeza, do desânimo e nas horas difíceis, a noção das bem-aventuranças, como a Carta Espiritual do Reino de Deus".

*Daí a importância das bem-
aventuranças, na formação de novo
comportamento, para o
desenvolvimento de novos hábitos e
fixação daqueles que refletem as Leis
Divinas em nossos corações.*

[1] Marcos, 16:15.
[2] CIAMPONI, Durval. op. cit. p. 67.
[3] Mateus, 5:11-12.
[4] KARDEC, Allan. *O Livro dos Espíritos*, Q. 112-113.

14. Cultivando a simplicidade

> *"Toda passagem do Senhor, entre os homens, desde a Manjedoura, que estabelece o hábito da 'simplicidade'(...)".*
> *(XAVIER, Francisco Cândido. Pensamento e Vida, pelo Espírito Emmanuel, p. 98).*

Quando Jesus aborda, no Sermão do Monte que o "Reino dos Céus pertence aos pobres de Espírito", muitos intérpretes dos textos evangélicos, presos à literalidade entenderam nesta exclamação, uma espécie de acomodação mental, ou uma auto-sugestão para confortar aqueles que nasceram "pobres", do ponto de vista material ou desprovidos de inteligência. "Neste caso, o próprio Jesus não faria parte dos bem-aventurados, e dele não seria o Reino dos Céus, porque não era pobre de espírito nesse sentido, mas sim rico e riquíssimo, quer se entenda por espírito a faculdade espiritual, quer a faculdade intelectual".[1]

A título de curiosidade, anotamos que há diferença literal entre os evangelistas Mateus e Lucas, a respeito dessa bem-aventurança. Enquanto o primeiro fala em "pobres de espírito", acrescentando o qualificativo "de espírito", o segundo, anota simplesmente como "pobres". Na linguagem hebraica "pobre" não se referia apenas àquele desprovido de bens econômicos, mas todas as pessoas que, diante de situações de inquietações da alma, apelam a Deus. Assim temos: *"Livra-me, ó Deus, pois as águas me sobem até o*

pescoço. Atolei em profundo lamaçal, e não se pode estar de pé (...)
Os meus olhos desfalecem por esperar por Deus"[2]; ou ainda em
Isaías, o profeta maior "(...) *porque o espírito do Senhor me
ungiu para pregar as boas novas aos pobres. Enviou-me a restaurar
os contritos de coração, a proclamar liberdade aos cativos e abertura
de prisão aos presos"*.[3]

Por erro de interpretação, talvez até por interesse dos
dirigentes religiosos, muitos ensinam que é preciso ser pobre
para desenvolver o Reino de Deus na intimidade. Com isso,
muitos entendem que para alcançar a felicidade espiritual
deve-se renunciar aos bens da terra, abandonar tudo que
tem, para obter a conquista espiritual. Ledo engano!... Há
milhões de pobres, materialmente, que não são bem-
aventurados, revoltam-se contra a situação em que se
encontram, perdendo a oportunidade do estágio de
aprendizagem nesta encarnação, engessando o próprio
crescimento. Por outro lado, há tantos ricos, que são bem-
aventurados, pois sabem que são apenas administradores
dos bens terrenos, em caráter provisório, não são escravos
desses bens e que devem prestar contas das intendências
ao voltarem à Vida Maior...

Ao dizer que o Reino dos Céus é para os "pobres de
espírito", Jesus referia-se que, a conquista, na intimidade
de cada ser, é fruto da simplicidade do coração e a
humildade de espírito. Os pobres de espírito são as pessoas
que buscam o conhecimento, a riqueza interior, deixando
as aparências exteriores em segundo plano, e por isto o
Reino dos Céus será delas.

Não tem aqui, portanto, qualquer conotação de
pobreza material ou falta de inteligência, como alguns
concluiram, erroneamente, ao interpretarem essas palavras
de Jesus. Assim, os conceitos, baseados no pronunciamento
de Jesus, como: *"É mais fácil um camelo passar pelo fundo de
uma agulha do que o rico entrar no Reino de Deus"*,[4] precisam

ser mudados e interpretados sob óptica racional; esse conceito de que a pessoa que tem bens materiais não alcançará o Reino de Deus é falsa. Ora, o dinheiro é neutro e depende da finalidade que se dá a ele: Pode gerar, quando bem administrado, o bem-estar social, a exemplo: mais empregos, saúde, educação etc..., como levar o homem, quando mal canalizado, às viciações de toda ordem, acarretando a miséria, a desolação e a aflição às criaturas.

Este Reino de Deus não é um local, uma cidade ou mesmo o céu material do nosso planeta. É um estado de espírito, que pode ser conseguido mesmo ainda nesta vida. Este estado abrange a paz e a felicidade interior, alcançados com a aplicação das Leis Divinas no nosso dia-a-dia, no decorrer de inúmeras existências reencarnatórias e diretamente proporcional à conquista da *simplicidade* e a *humildade* de coração. É um processo gradual, sutil e quase imperceptível, razão pela qual a idéia da unicidade de existência – segundo a qual o progresso se realiza tão-só aqui na Terra – torna-se uma utopia, que geram naqueles que atingiram certa maturidade espiritual, a descrença e acham tudo fantasioso, indo, por conseqüência, engrossar a fila estatística dos que se autoproclamam céticos[5]. Daí entendermos que, ninguém precisa esperar esse "Reino dos céus" depois da morte, mas vivenciá-lo aqui e agora, porque a sua plenitude se perde, secularmente, na noite dos tempos.

Jesus também caminhou por várias etapas até atingir a condição de Espírito Puro. A sua condição atual de Espírito simples e humilde é fruto de várias experiências. Deus não discrimina seus filhos. Todos começam no mesmo ponto de partida – simples e imperfeitos – e por méritos próprios galgam as várias etapas, até atingir a perfeição. Jesus – que não é Deus – fez o mesmo caminho. Aliás, ensinou ele: **tudo o que eu faço, podeis fazer e muito mais**, querendo dizer com isso: Eu sou o caminho, a verdade e a vida, quem estiver disposto já, a começar o trabalho de auto-aperfeiçoamento, siga-me!

Por isso, toda a passagem de Jesus, de que temos conhecimento, pelos escritos dos evangelistas, "desde o nascimento na manjedoura até sua volta ao mundo espiritual, mostra que ele estabeleceu o hábito da simplicidade". Com isso, conforme já asseveramos, é ele o divisor das águas entre os velhos costumes – calcados nas velhas legislações mundanas, tidas como "Palavras de Deus" – e o novo procedimento, contrário à violência, baseado no amor, na humildade e na simplicidade, virtudes necessárias para a conquista da verdadeira felicidade.

Este Reino de Deus não é um local, uma cidade ou mesmo o céu material do nosso planeta. É um estado de espírito, que pode ser conseguido mesmo nesta vida.

---

[1] ROHDEN, Huberto. *Sabedoria das Parábolas*, p. 170.
[2] Salmo, 69:1-3.
[3] Isaías, 61:1.
[4] Mateus, 19:2.
[5] De acordo com o IBGE-2000, os que se declaram "sem religião nenhuma", subiu de 4,78% - censo de 1991 – para 7,28% no último censo de 2000.

15. A serenidade se conquista

"Toda passagem do Senhor, entre os homens desde a Manjedoura (...) até à cruz afrontosa (...) que cria o hábito da 'serenidade'(...)".
(XAVIER, Francisco Cândido. Pensamento e Vida, pelo Espírito Emmanuel, p. 98).

Outra virtude exteriorizada por Jesus, nos momentos mais difíceis que enfrentou durante sua trajetória ao transmitir a Boa Nova, foi a serenidade. Demonstrou paz e tranqüilidade de espírito para solucionar os mais intrincados problemas e armadilhas preparadas por seus adversários gratuitos. Devemos entender a conquista da "mansidão", como sinônimo da "serenidade". Só se conquista, efetivamente, a serenidade por meio da experiência pessoal, passo a passo, ao longo dos tempos, na prática do bem. É sob essa óptica, portanto, que somente quem já atingiu esta condição de "mansuetude" em seu reino interior, poderá proclamar esta beatitude. Assim, afirmava Jesus: *"Bem-aventurados os mansos, porque eles possuirão a Terra"*.

Só se testam as condições de serenidade da alma diante dos desafios, quando encaramos na vida, testes: o domínio diante das aflições; o controle nos momentos de irritação; o entendimento da dor, como força educativa; a distinção do supérfluo e do necessário; o domínio da vontade etc... Enquanto respondemos com revolta e desequilíbrio aos desafios, estamos, ainda, longe de alcançar a calma necessária para se suplantar as vicissitudes da vida. Podemos definir a serenidade como a provisão de paz que se conquista nos embates diários, ao longo das existências. Assim, quando defrontamo-nos com as decepções, somos capazes de manter a serenidade e encontrar a melhor solução para o problema.

"A serenidade não é um jardim para os seus dias dourados", ensina André Luiz.[1] Depreende-se, pela orientação do amigo espiritual, que é muito fácil ser sereno, dentro das casas religiosas, onde se tem o dever de demonstrar, mesmo que seja por verniz social, certa condição de educação. No entanto, é no dia-a-dia, diante dos problemas e das dificuldades que temos que encarar, que podemos avaliar até que ponto atingimos a condição de serenidade. Ser manso entre os mansos é fácil, pois não há contrariedade. A prova, no entanto, da conquista desta virtude se faz nos embates do dia-a-dia: no lar, no trabalho, na rua, diante dos desafetos etc...

Exercitamos a serenidade diante de várias situações, entre elas: o amigo que trai a nossa confiança; a criatura que nos engana deliberadamente; o ingrato a quem demos o melhor de nós mesmos; o maldoso que tenta todos os meios para nos prejudicar; o malcriado que nos responde asperamente os nossos questionamentos; o acusador que denuncia sem provas concretas etc. Só nos círculos da luta humana podemos exercitar a conquista da serenidade. Sem a conquista desse hábito adiamos o nosso processo evolutivo, ou seja, fazemos como o aluno relapso que repete o ano, no caminho educativo das séries escolares.

Jesus marcou com seus ensinamentos a necessidade de se mudar os velhos hábitos, cristalizados em nossa consciência, muitas vezes adquiridos em existências anteriores. Orienta-nos sempre a persistir na conquista da serenidade; atuando em sentido contrário ao do opositor, e gradativamente implantaríamos essa transformação. Diz ele, segundo Mateus, entre tantas recomendações, de forma carinhosa e serena:

> "(...) se a vossa justiça não exceder a dos escribas e fariseus, de modo algum entrareis (implantareis) o reino dos céus". (5:20).
> "Reconcilia-te depressa com teu adversário (...)" (5:25).
> "Não resistais ao mal. Se alguém te bater na face direita, oferece-lhe também a outra". (5:39).
> "Amai os vossos inimigos e orai pelos que vos perseguem". "Se amardes os que vos amam, que recompensa tereis (...)". (5:44).
> "Não andeis ansiosos com o dia de amanhã, pois o amanhã, se preocupará consigo mesmo. Basta a cada dia o seu próprio mal". (6:34).

É um trabalho de educação que requer muitas "idas e vindas", e humildade para reconhecer o erro e recomeçar. Às vezes, o orgulho e a vaidade falam mais alto e preferimos permanecer no altar da falsa superioridade, não queremos descer do pedestal da prepotência, impedindo, assim, o exercício da prática do perdão. Para desenvolver a "serenidade" é preciso ir à luta, contra nossas imperfeições, muitas vezes cristalizadas, de longa data, como reflexo das posições ocupadas nas vidas passadas. O campo de estágio é a vida e o próximo é nosso educador. Ratificando essa afirmação, certa vez, disse Jesus[2], *"se trouxeres a tua oferta ao altar, e aí se lembrares de que teu irmão tem alguma coisa contra ti, deixa diante do altar a tua oferta, vai primeiro reconciliar com o teu irmão; depois vem, e apresenta a tua oferta"*. Para tanto, a serenidade emergirá de atos de conciliação e eliminação de mágoas retidas em nossa alma.

Vivemos num mundo cada vez mais complexo e competitivo, com transformações céleres, mudanças tecnológicas bruscas, adaptações rápidas diante do novo. Tudo isso exige que exercitemos sempre a serenidade, para encarar essas mutações. Precisamos de serenidade a cada momento para participar, discernir e agir em nossa vida social, com maturidade. É, portanto, nessa constante mutação, que necessitamos de serenidade, para que não façamos o próximo, o alvo de nossos destemperos e desarmonias; por falta de serenidade íntima, às vezes, as pessoas são humilhadas e esmagadas.

Sustentemo-nos diariamente na prece, asserenando os nossos corações, preparando-nos, desta forma, para não cairmos em aflição e conseguir o suprimento necessário para as nossas adaptações, a essas mutações rápidas do dia-a-dia. É uma exigência aqui, é uma exigência acolá, e a vitrina das atrações do mundo coloca a criatura em enorme desgaste emocional, mental e físico. Nestes momentos, façamos uma parada e meditemos no alerta de Jesus, para asserenar os nossos corações: *"Deixo-vos a paz, a minha paz vos dou; não vo-la dou como o mundo a dá. Não se turbe o vosso coração, nem se atemorize"*.[3]

Muitos buscam a serenidade no "ter mais": fama, dinheiro, projeção social etc... mas, esquecem-se do "ser mais". Nem mesmo na religião, como crença institucionalizada, encontram a paz. Podemos dedicar a ela, cumprir suas regras, seus rituais e liturgias, mas continuar mesmo assim, sem a serenidade necessária, enquanto não entendermos que a verdadeira religião, o *"re-ligare"*, é conquista íntima. Portanto, pode-se ter uma religião e não ter despertada a religiosidade, que é aliás o que mais interessa.

Jesus nos legou, como virtude a ser construída em nosso patrimônio íntimo, **o hábito da serenidade**, atitude que exemplificou durante sua curta estada entre nós, demonstrando isso em várias passagens do Evangelho e, até mesmo, no momento crucial de sua morte carnal, quando na cruz afrontosa manifesta, serenamente: *"Pai perdoa-lhes, pois não sabem o que fazem!"*[4]

Só se testam as condições de serenidade da alma diante dos desafios, quando encaramos na vida testes: o domínio diante das aflições; o controle nos momentos de irritação; o entendimento da dor, como força educativa; a distinção do supérfluo e do necessário; o domínio da vontade etc...

---

[1] XAVIER, Francisco Cândido. *Agenda Cristã*, pelo Espírito André Luiz, lição 93.
[2] Mateus, 5:23-24.
[3] João, 14.
[4] Lucas, 23:33-34.

16. Exercitando a paciência

"Toda passagem do Senhor, entre os homens, até à cruz afrontosa (...) cria o hábito (...) da 'paciência' (...)".
(XAVIER, Francisco Cândido. Pensamento e Vida, pelo Espírito Emmanuel, p. 98).

Outra virtude que deve ser desenvolvida como parte integrante de nossos hábitos, é a paciência. Ninguém nasce, "por graça divina", paciente. É conseqüência do esforço pessoal. Quando encontramos, em nossos relacionamentos, criaturas que demonstram nas suas manifestações a paciência, é porque já palmilharam muitas estradas, pelos caminhos das experiências existenciais. Quando dizemos às pessoas que, diante dos infortúnios que eventualmente estejam passando, "tenham paciência que tudo se resolverá", na realidade, estamos formulando um convite para o exercício dessa virtude.

Assim, podemos conceituar a paciência como aquela qualidade ou virtude de se suportar as dores, incômodos, infortúnios etc. sem qualquer queixa e com resignação, lutando com fé na resolução dos problemas naturais do dia-a-dia... Ora, isso não se consegue de forma instantânea. Pode-se dizer que adquiriu paciência, porém de forma exterior, sem, contudo, ocorrer ao mesmo tempo a mudança interna de comportamento, pois, essa transformação interior não se realiza em alguns anos de existência terrena. Muitas de nossas condutas são adquiridas por meio de vivências milenares. Imaginemos que, em existências passadas, o Espírito ocupou, por várias oportunidades, posições de liderança, seja lá em que situação for e sempre teve um comportamento de orgulho e egoísmo, diante de seus liderados. Será que esse condicionamento petrificado, da personalidade, mudará repentinamente numa existência subseqüente? Admitimos receber ordens de seus atuais chefes ou patrões?

Ora, não existe mudança repentina. Pode-se apresentar uma forma exterior de comportamento, mas não uma transformação verdadeira. É comum chegarmos ao fim de uma existência terrena sentindo que ainda somos repletos de imperfeições. Ainda não somos pacienciosos, ainda respondemos mal às pessoas, e não temos o hábito de perdoar etc. Enfim, temos uma vasta esteira a percorrer para que possamos conseguir apascentar os nossos corações. Por isso, se existisse uma única experiência carnal, seríamos tomados de apreensão e angústia, por não vislumbrarmos tempo necessário para as devidas correções, antes de passarmos desta para a vida espiritual. Analisando a vida como uma seqüência de oportunidades pelo processo das vidas sucessivas, mudamos a nossa forma de pensar e passamos a compreender que somos seres em constante evolução e que, mediante os nossos próprios esforços, adquiriremos todas as virtudes necessárias para implantar o Reino de Deus em nossa intimidade. Seremos Espíritos Puros, na classificação de Kardec, conforme *O Livro dos Espíritos*, Q. 100.

É muito comum, na prática, a criatura dizer: "ajudei tanto aquela pessoa, mas agora esgotou a minha paciência!". Na verdade, com essa manifestação estamos demonstrando que ainda não incorporamos em nosso comportamento essa virtude, pois quando ela está desenvolvida efetivamente não fazemos qualquer esforço para "ser", pois "somos", simplesmente, contrários a qualquer esforço. É algo que se manifesta espontaneamente por força do amor. A paciência é um bem que uma vez adquirido, nunca mais se perde, nos acompanha no processo evolutivo. Não encontramos em nossa vida de relação social, pessoas que sempre foram bondosas e pacientes e que são assim, sem nenhum esforço? Ninguém sabe quantas lutas o Espírito travou consigo mesmo, ao longo dos séculos, para chegar nesse estágio. Só a reencarnação explica! Assim sendo, numa vida única chegaremos ao final da jornada, ainda, com "estopim curto", como se afirma no jargão popular.

No dizer de André Luiz, "a paciência não é um vitral gracioso para as suas horas de lazer. É amparo destinado aos obstáculos"[1]. Ser paciente quando tudo está bem, quando ninguém nos contrarie é fácil! Muitas vezes, acreditamos que somos detentores da paciência, quando, na realidade, estamos ainda "engatinhando" na conquista dessa virtude. Temos sim, teoricamente o conhecimento do que seja paciência, mas, na prática a história é outra. Isto porque a sua conquista é resultado de um processo de aprendizagem da alma, por intermédio do desenvolvimento do amor, em si mesmo; logo, sua gradação nas criaturas é proporcional ao nível de evolução em que se encontra.

Paulo, em Carta aos Hebreus,[2] ensina o sentido dessa virtude, mostrando a esperança que Abraão tinha na promessa de Deus, escrevendo: "*E assim, tendo Abraão esperado com paciência, alcançou a promessa*". Todos nós, no exercício da paciência, não devemos aguardar na inação, temos que persistir nos objetivos, mesmo diante dos obstáculos naturais da empreitada. Se temos uma meta a alcançar, o caminho entre o início e o objetivo deve ser pautado na paciência, construído com o suor do trabalho e o esforço da persistência. Ter esperança na vitória exige trabalho e paciência. E esta deve ser traduzida como o esforço pacífico na consecução da obra. Nesse sentido, o apóstolo dos gentios, na Carta acima, nos adverte que: precisamos esperar com paciência operante que sentiremos o sabor da vitória, cuja conquista é fruto da perseverança sem inação.

Figura de extraordinária beleza d'alma, que tivemos a felicidade de conhecer nas nossas lides espíritas, foi Jerônimo Mendonça, que mesmo na sua condição de interno em corpo físico debilitado levantava os caídos, pela força de seu exemplo, razão pela qual era chamado de "o gigante deitado". No curto espaço de tempo que desfrutamos de seu convívio, pudemos entender o sentido da "paciência" que manifestava essa alma extraordinária. Pois bem, mesmo ele, ao referir-se à conquista dessa virtude, de seu leito-prisão, onde era transportado por todo o Brasil, em uma Kombi, a fim de pregar o Evangelho de Jesus, dizia: *"se não reclamamos, se procuramos desempenhar o nosso trabalho espírita, se jamais achamos o nosso fardo pesado, isso não quer dizer que já atingimos essa conquista maravilhosa dessa virtude excelsa. Somos um pequeno candidato dessa virtude chamada PACIÊNCIA"*.[3]

E, complementando o sentido da paciência, ou ciência da paz, como gostava ele de definir, dizia ainda que: "ninguém precisa ficar inativo a pretexto de estar velho ou de contar com deficiências. Basta que queiram servir de instrumentos dos bons espíritos, a caridade se faz de mil modos, até mesmo tendo 'paciência conosco mesmo', na intimidade da nossa consciência, dentro de nosso próprio lar".[4]

Jesus, na expressão dos Espíritos Superiores a Kardec, é o guia e modelo mais perfeito que Deus ofereceu para servir ao homem e como tal é, também, o paradigma de paciência suprema. Mudou o roteiro dos costumes milenares de imposição pela força física, pela virtude da paciência. Para tal objetivo aproveitou de todos os momentos para, com lições fraternais, orientar as criaturas, sem recriminações, em suas fraquezas e imperfeições. Diante dos erros sempre encontrou a parábola certa, a lição de sabedoria, o exemplo de bondade e a força da paciência, para ensinar o caminho da verdade da vida. Por isso, continua a nos ensinar que tal construção é um processo pessoal, diante da tomada de consciência de cada um, afirmando: *"É na vossa paciência que ganhareis as vossas almas"*. *"Vá e não erres mais"*. *"Vós sois deuses"*, o *"Reino de Deus está dentro de vós"*.

Portanto, para que esta virtude se incorpore em nosso comportamento não basta a condição de estar filiado a religião A ou B, embora isto possa ajudar. A paciência é um estado d'alma, em que as criaturas desenvolvem o sentimento religioso e estão imunes às inquietações exteriores, pois atingiram a liberdade. É comum pessoas, de pensamentos rigidamente dogmáticos, não serem capazes de perceber a distinção entre a *prática religiosa* e o *sentimento de religiosidade*. Passam um longo período da vida presas às regras impostas por determinadas crenças, sem, todavia, desenvolver a religiosidade. Só com o despertar do pensamento de religiosidade o homem é capaz de conquistar esta virtude.

> *"Se não reclamamos, se procuramos desempenhar o nosso trabalho espírita, se jamais achamos o nosso fardo pesado, isso não quer dizer que já atingimos essa conquista maravilhosa dessa virtude excelsa. Somos um pequeno candidato dessa virtude chamada PACIÊNCIA".*

---

[1] XAVIER, Francisco Cândido. *Agenda Cristã*, pelo Espírito André Luiz, cap. 29, p. 93.

[2] Hebreus, 6:15.

[3] MENDONÇA, Jerônimo. *Crepúsculo de um Coração*, p. 59.

[4] Id, ibid, p. 59.

17. Certeza na ressurreição

> *"(...) com a certeza da ressurreição para a vida eterna, o apostolado de Jesus é resplendente conjunto de reflexos do caminho celestial para a redenção do caminho humano".*
> *(XAVIER, Francisco Cândido. Pensamento e Vida, pelo Espírito Emmanuel, p. 98).*

Temos que encarar o problema da ressurreição logo de início. A ressurreição do corpo, tal como ainda se apregoa vulgarmente por aí, é totalmente impossível. Não se pode contrariar a ciência. A idéia é apenas um dogma de fé, que os teólogos e líderes religiosos impõem, aos seus fiéis, como forma de harmonizar os interesses temporais e espirituais, ou seja, dar tranqüilidade emocional aos adeptos imaturos, anestesiando o pensamento quanto ao incompreendido fenômeno da morte.

Entre os judeus havia uma certa confusão sobre o sentido do que ocorreria após a morte. Para os saduceus – seita judia da época de Jesus – a morte era o fim de tudo e, portanto, não aceitavam a idéia da ressurreição. Outros, porém, acreditavam na idéia da sobrevivência da alma, mas de uma forma imprecisa e vaga; eles davam o nome de ressurreição a essa idéia de que a alma iria sobreviver, embora sem qualquer precisão de como isso aconteceria. É aí que gera toda a confusão, pois, o sentido de ressurreição, como até hoje se ensina, pelas religiões dogmáticas, é que, mesmo depois de morto, o corpo volta a viver. É forma de acomodação para quem não quer encarar o problema.

O Espiritismo tem a explicação lógica para o conflito. Ao invés de ressurreição, basta que a entendamos como reencarnação. Pela reencarnação o Espírito retorna em novo corpo e continua sua trajetória evolutiva por meio de inúmeras existências físicas. O corpo físico vai, com o decorrer dos anos sofrendo os desgastes naturais e perdendo a sua vitalidade; e, para que adiantaria voltar a viver, se já está decrépito e desgastado, sem o fluido vital para dar seqüência à vida do Espírito? Enquadra-se aqui a comparação que Jesus faz do remendo e do pano. Reviver no mesmo corpo seria colocar "remendo novo em pano velho".

O corpo material, sendo mortal, não resiste a qualquer lógica, não passa pelo crivo da razão e não encontra respaldo na ciência, a idéia da ressurreição. Trata-se de uma energia condensada que, uma vez tendo seus componentes envelhecidos, volta à Natureza; não há, na realidade, morte, mas desestruturação dos componentes orgânicos. "Em a Natureza nada se perde, nada se cria, tudo se transforma", como bem afirmou Lavoisier. "És pó e ao pó retornarás", como ensina o texto bíblico. É óbvio, que aqui se devem entender tão-somente os elementos do corpo, que, com a sua decomposição, vão servir para a formação de outros corpos, não necessariamente humanos, mas corpos de animais, plantas etc.

O ser imaterial, ou seja, o Espírito, este sim é imortal; nesse sentido, poder-se-ia dizer: ressurreição do Espírito, pois aí se entende por toda vida infinita, eterna. O Espírito nunca morre, só muda de veículo e continua sendo ele mesmo em todas as etapas do processo evolutivo – com seus erros e acertos, com suas virtudes e viciações.

Podemos, com base na análise dos ensinamentos de

Jesus identificar duas formas distintas de Ressurreição: a física e a espiritual. Em relação à primeira, vamos encontrar as ressurreições *da filha de Jairo,* do *filho da viúva da cidade de Naim* e a *ressurreição de Lázaro.* Todos esses casos, se fossem verdadeiros, seriam uma derrogação das leis da Natureza; o que não tem sentido, pois Deus sendo perfeito, embora pudesse, não mudaria suas leis, que são eternas, para atender a casos particulares. Na Carta Divina, diferente da legislação humana, "a lei é igual para todos", efetivamente, não havendo o "jeitinho humano". Tudo faz crer que, dados os parcos conhecimentos científicos da época, os casos em questão podem ser caracterizados como síncope ou letargia. Sabe-se que os laços fluídicos, que prendem o Espírito ao corpo, uma vez desconectados não se ligam mais. Pela lógica, nesses casos, o liame perispiritual não havia rompido definitivamente. No entanto, para os homens daquela época, houve um "milagre", isto é, houve ressurreição dos mortos. Ou seja, podemos interpretar que, os Espíritos estavam "apenas adormecidos" e, na presença fulgurante de Jesus, com sua vivificante força fluídica, tiveram a reanimação de seus sentidos entorpecidos. Na verdade, convenhamos, qual seria o valor se realmente houvesse a ressurreição do corpo? Todos voltariam a morrer novamente. Não há imortalidade para o corpo físico!

Por outro lado, temos a verdadeira ressurreição – a do Espírito. Na recomendação de Jesus,[1] aos seus discípulos: *"Ide e pregai o Evangelho, (...) ressuscitai os mortos",* referia-se àqueles que, "sepultados dentro de si mesmos", dormem indefinidamente, alheios aos valores da vida; são mortos em objetivos imortais, que precisam acordar e erguer-se, educando a alma para a grande marcha evolutiva. Por isso, aqueles que "diante da árvore que se cobre de frutos ou da abelha que tece o favo de mel, não se lembram do comezinho dever de contribuir para a prosperidade comum".[2] Portamse, de modo geral, como cadáveres enfeitados. Sem qualquer produtividade para si e para o semelhante. Neste sentido, também escreveu Paulo, aos membros da Igreja de Éfeso em sua famosa epístola, advertindo: "Desperta, tu que dormes! Levante-te dentre os mortos e o Cristo te iluminará".[3] Em outras palavras o apóstolo alerta para a necessidade de acordar da ociosidade e executar boas obras ou como ensina o Cristo: "Trabalha, que o Céu te ajudará".

Neste sentido de ressurreição do Espírito, Paulo, Madalena, Zaqueu e tantos outros, também ressuscitaram em vida, mudando extraordinariamente o roteiro que até então palmilhavam. A ressurreição do Espírito era para mostrar que a vida continua, e não estava presa à falsa interpretação da vida única, sem perspectiva de crescimento contínuo e vitória sobre nós mesmos. O apostolado de Jesus despertando as criaturas, para a vida eterna do Reino de Deus, dentro de si mesmas, transforma a visão míope de "salvação", da fé cega, pela conquista de uma religião apenas: a da "consciência". Todas as outras são dispensáveis e acomodatícias. Mais importante do que a idéia de ressurreição física, ensinada pelas religiões cristãs dogmáticas, é estar em paz com a consciência.

Ao invés da vesguice mental que se divulgava na época, e ainda hoje persiste, Jesus trouxe a mensagem confortadora da grande ressurreição do Espírito, que é imortal, e não ganha a resplandecência só em crer, mas, a cada um, segundo suas obras; desestruturando assim, a padronização mental de hábitos cristalizados no ser, através de séculos, para um novo mundo. No dizer de Emmanuel, *"como resplendente conjunto de reflexos do caminho celestial para a redenção do caminho humano"*.

Dois terços da Humanidade não são cristãos, pertencendo a outras ramificações religiosas e, possivelmente, não venham a ter contato com os ensinamentos judaico-cristãos. Dentre estes se destacam os hinduístas da Índia, os budistas e xintoístas da China, os seguidores de Maomé nos países árabes e cs componentes de várias tribos africanas. Será que dentre esses seres não encontramos gente tão boa e honesta, cumpridoras de seus deveres, como os cristãos? Muitos nem seguem religião alguma e são exemplares pais de família, excelentes trabalhadores, dignos cidadãos. Não teriam eles a chamada "salvação", tão-somente, porque não seguem os ensinamentos cristãos? É claro que cada um na medida do bem que faz cresce diante de Deus, pouco importando a crença. Deus não pertence a nenhuma religião. Ele está presente em todas as criaturas!

"Ide e pregai o Evangelho, (...) ressuscitai os mortos", referia-se àqueles que, "sepultados dentro de si mesmos", dormem indefinidamente, alheios aos valores da vida; são mortos em objetivos imortais, que precisam acordar e erguer-se, educando a alma para a grande marcha evolutiva.

---

[1] Mateus, 10:7-8.
[2] XAVIER, Francisco Cândido. *Fonte Viva*, pelo Espírito Emmanuel, p. 155.
[3] Efésios, 5:14.

18. Mudando atitudes irrefletidas

*"Até agora, no mundo, a nossa justiça cheira a vingança
e o nosso amor sabe (exprime) a egoísmo, pelo
reflexo condicionado de nossas atitudes
irrefletidas que nos precedem o hoje".
(XAVIER, Francisco Cândido. Pensamento e Vida,
pelo Espírito Emmanuel, p. 98).*

Educados dentro da cultura judaico-cristã, refletimos hoje em nosso comportamento, imperceptivelmente, os conceitos que nos foram transmitidos pelos nossos antepassados, como "verdade divina". Diz-se que: "de tanto repetir uma mentira, muitas vezes ela passa a ser tida como verdade". Por essa razão, tais "verdades" são aceitas sem qualquer contestação, incorporam-se por meio das várias existências pretéritas, em nosso ser e passam a ser "leis internas", que dirigem a nossa atitude. Com o tempo, porém, mediante a maturidade espiritual, no processo evolutivo, começamos a insurgir contra certas "verdades", que não se coadunam com a lógica e o bom-senso. A história é pródiga de exemplos de Espíritos luminosos que, aqui se aportando, enxergando além do convencional, trazem novos rumos à Humanidade. Dentre esses benfeitores, podemos citar Sócrates, Gandhi, Jesus, Chico Xavier etc...

Nossa cultura ocidental tem nos apresentado a Bíblia

como livro sagrado e divino, sendo seus cânones infalíveis e aceitos como "Palavra de Deus". Embora encontremos em seus escritos muitos conceitos de inspiração divina, que expressam as leis naturais e que nos ajudam em nossa edificação espiritual, não podemos, em hipótese alguma, considerar todo o seu conteúdo, de capa a capa de natureza divina. Curiosamente, assistimos pela televisão a líderes religiosos que ao fazer a oração dizem: "Ó Deus de Israel protege o nosso povo! "Será que o Deus é mesmo de Israel?" Pense nisso!

Se efetuarmos uma pesquisa sobre os diversos livros que compõem a Bíblia, encontraremos inúmeras incongruências, assassinatos, crueldades, fraudes, luxúrias, cobiças etc... que demonstram contradições, que nos obrigam pelo uso da razão, a excluir a aceitação, em sua totalidade, como "Palavra de Deus". É bem verdade que as religiões dogmáticas colocam o chamado Livro Sagrado como verdade absoluta e grande parte de seus adeptos, talvez mais por temor do que por amor, o aceitam sem qualquer contestação, usando apenas a fé cega, dogmática. Durante muito tempo vem sendo ensinado aos homens que "Deus castiga", quando erra, protege um povo contra outros. Esse Deus judaico-cristão cruel e vingativo, que manda matar até bebês, é denominado de **Senhor dos Exércitos**, que sem restrições protege só o povo judeu, tendo os demais como inimigos, como se todos não fossem seus filhos. Isto é um contra-senso! Esse Deus, não podemos aceitar. Diríamos, usando o linguajar popular: "Deus nos livre de tal absurdo!". No entanto, a Doutrina Espírita usando do bom senso e da razão aceita a Bíblia como obra humana, sem contestar, no entanto, a existência de passagens belíssimas, de profunda inspiração divina. Sabemos, perfeitamente, que o deus citado pelo povo judeu era uma entidade particular, regional, já que naquela época, dada a falta de maturidade do povo, confundia-se o Deus Universal com o deus particular. Ora, o Deus de todos os povos é amor[1], jamais discrimina. A maioria é "filho pródigo", que um dia alcançará a condição de Espírito Puro, mediante experiências reencarnatórias. Aliás, é o próprio Jesus que afirmou: Nenhuma de minhas ovelhas se perderá!

Para que não nos tornemos cansativos ao leitor, vamos listar somente algumas leis tidas como "Divinas", mas, que na realidade eram de origem humana. Por isso, devem ser analisadas e constatadas pela força do raciocínio lógico, que vai permitir perceber, até que ponto pode considerar toda a Bíblia como Palavra de Deus.

- Os incircuncisos que não forem circuncisados serão eliminados. (Gn. 17:14).
- Quem amaldiçoar pai ou mãe, certamente será morto. (Ex. 21:17).
- Quem fizer alguma coisa no sábado morrerá. (Ex. 31:15).
- Gordura nem sangue jamais comereis. (Lv 3:17).
- Quem se chegar a uma mulher no período menstrual, ambos serão mortos (Lv. 20:18).
- Quem desfigurar alguém, como ele fez assim lhe será feito. (Lv 24:19). É o olho por olho. Ora, Jesus disse que devíamos perdoar setenta vezes sete vezes!
- Um filho desobediente deve ser apedrejado até que morra. (Dt 21:18). Jesus recomendou a necessidade de tolerância.
- Mulher que vestir traje de homem ou vice-versa é abominação ao Senhor. (Dt. 22:5).
- Mulher casada não achada virgem deve ser apedrejada até morrer. (Dt. 22:21).
- Quem se casar com mulher casada, ambos morrerão. (Dt. 22:22).
- Mulheres apanhadas em flagrante de adultério serão mortas (Moisés), já Jesus dizia que "atirasse a primeira pedra quem estivesse sem pecados". Pergunta-se: E os adúlteros?

• "Então se arrependeu o Senhor de ter feito o homem na terra..." (Gn. 6:6); Por ter poupado a vida de Agague, rei dos amalequitas, e do melhor dos animais, disse Deus: "Arrependo-me de haver constituído rei a Saul..." (1 Samuel 15:9 e 11). Ora, um dos atributos de Deus é sua presciência, como iria se arrepender? É lei divina ou humana?

• "Destrói totalmente a tudo o que tiver; nada lhe poupes, porém **matarás homem e mulher, meninos e crianças de peito...**".(1 Samuel 15:3). Será que é ordem de Deus mandar matar? Ao que se sabe um dos mandamentos da lei de Deus é **não matar!** Não se trata de contradição? Raciocine e responda.

Interpretando na literalidade os textos bíblicos, sem qualquer questionamento, não há a menor dúvida que estes foram se incorporando ao comportamento das criaturas, os hábitos de vingança, de crueldade, de separatividade, desde longa data, e como agravante, tendo por aval, a "Palavra de Deus!". Esta é uma entidade particular do povo judeu, passada às criaturas como Deus Universal; trata-se de um deus desumano e cruel, que se parecia com um homem insensível, que diante do inimigo cega, corta os braços e pernas. Segundo o Prof. Carlos Juliano Torres Pastorino, era esse Deus que, Voltaire e Marx, como tantas outras inteligências diziam não poder aceitar. E com toda a razão! O autor deste livro também não admitiria nunca! Tudo bem, mas com isso não se justifica dizer que é "Palavra de Deus", como ainda acontece nos dias atuais. E é por estar petrificado no comportamento das criaturas, há muitos séculos, que com lucidez, Emmanuel afirma: *Até agora, no mundo, a nossa justiça cheira a vingança e o nosso amor sabe (exprime) a egoísmo, pelo reflexo condicionado de nossas atitudes irrefletidas que nos precedem o "hoje".*[2]

É preciso mudar para progredir. Nada de fé cega, fanática e dogmática, sem qualquer raciocínio. Precisamos da fé saudável, que possa ser encarada em todas as épocas. No dizer de Kardec: "Fé inabalável é somente aquela que pode encarar a razão face a face, em todas as épocas da Humanidade".[3] É necessário estudar, pesquisar constantemente, ou, em outras palavras, aceitar o convite de Jesus: *Conhecereis a Verdade e esta vos libertará*! A criatura que fica com o pensamento algemado a dogmas deixa de crescer espiritualmente; permanece paralisada em seus potenciais divinos, que devem ser desenvolvidos, por si mesmo, na fé operante – do dever cumprido –, pois cada um prestará contas de seu talento.

Com a prática da doutrina do Cristo – aquela parte que reflete o ensino moral, sendo, portanto, as Leis Universais – encontraremos o caminho infalível da felicidade. A mudança comportamental não virá, obviamente, de forma repentina. Exige, antes disso, experiências existenciais; o descondicionamento dos hábitos adquiridos de se exercer a justiça pela vingança e o amor, expressando o egoísmo em atitudes irrefletidas, desde os milênios até hoje, é sutil, exige reflexão e tempo, que extrapola muitas reencarnações. Este é o caminho, não há outro. É preciso perseverar se desejamos a conquista do nosso EU Divino, gravado em nossa consciência.

A criatura que fica com o pensamento algemado a dogmas deixa de crescer espiritualmente; permanece paralisada em seus potenciais divinos.

---

[1] 1João, 4:8.

[2] XAVIER, Francisco Cândido. *Pensamento e Vida*, pelo Espírito Emmanuel, p. 98.

[3] KARDEC, Allan. *O Evangelho segundo o Espiritismo*, cap. XIX, item 7.

19. Educar-se para servir

> *"(...) com a obrigação de 'educar-nos' e com o dever de 'servir', com hábitos automáticos nos alicerces de cada dia, colaborando com segurança e felicidade de todos, ainda mesmo à custa de nosso sacrifício (...)".*
> (XAVIER, Francisco Cândido. Pensamento e Vida, pelo Espírito Emmanuel, p. 98).

Cada um de nós, diante das diversas situações em que estejamos colocados, tem que exercitar o amor no coração, desenvolvendo a percepção no quadro das diversidades da vida, para que, desta forma, habituemo-nos a educar os nossos impulsos desordenados que, muitas vezes, agem mais como um trem descarrilado ou animal bravio, sem as rédeas do condutor. Este é um trabalho de desafio compulsório, para corrigirmos todas as nuances de nosso comportamento, construído ao longo das existências passadas quando desvirtuam, como manchas escuras de nossa personalidade, a ação no bem e na construção de caminhos corretos e sadios.

A solução está em nossas mãos, laborando no processo de nossa auto-educação, como condição necessária sem a qual iremos permanecer patinando em nossas próprias ações, sem que, com isso, progridamos. O progresso é lei inexorável no Projeto de Deus. Todos temos de progredir e, por conseqüência, ajudar no progresso do nosso semelhante.

Tudo se movimenta na Ordem Universal. Progredindo estamos esmerilhando os trilhos de nossa própria conduta, propiciando exemplos edificadores, àqueles que fazem parte do roteiro de nossa jornada existencial. Eis o sentido da caridade, sob novo ângulo: exemplificar no bem para que possamos servir de modestas luzes àqueles que ainda não entenderam a proposta divina, do crescimento necessário, como condição para a conquista da felicidade.

No fundo, somos todos responsáveis por todos. Feliz daquele que compreende esse mecanismo da vida. Servir de espelho e incentivo a todos aqueles que nos miram. Daí, o dizer que somos co-criadores na obra divina. Cada um, de acordo com seu desempenho na prática do bem, está auxiliando o progresso de todos. Por outro lado, quando agimos impulsionados pelas tendências ruins, incrustadas por hábitos milenares do comportamento, estimulamos inúmeras criaturas, ainda imaturas e incautas espiritualmente, a ficarem nos caminhos da viciação e do erro. Neste sentido, somos responsáveis por nós mesmos, no processo de nossa auto-educação, e, por decorrência de nossas atitudes, também por nossos semelhantes.

Quando Jesus, o farol infalível da Humanidade, conclama: *"Conhecereis a verdade e a verdade vos libertará"*, chama-nos a atenção para a necessidade de conscientização, esclarece que cada um de nós é o agente responsável por essa libertação; não há dúvida que, nesta caminhada, poderemos ser orientados e incentivados por agentes externos, nas transformações de nossos velhos hábitos. Mas a conquista é pessoal e a experiência não se transmite a ninguém, por mais que o queiramos, como se observa na parábola das dez virgens... apenas incentiva-nos. Assim, o impulso para a tomada de decisão depende da vontade e da maturidade espiritual de cada um em conquistar, por si mesmo, o próprio crescimento na escala evolutiva. A vontade é decisiva. "Nela dispomos do botão poderoso que decide o movimento ou a inércia. Só a Vontade é suficientemente forte para sustentar a harmonia do Espírito", no dizer de Emmanuel.[1]

Para a Doutrina Espírita, que é evolucionista, a educação é um processo contínuo e cumulativo do ser, tendo início no mesmo ponto de partida, sem qualquer favorecimento, pois todas as almas começam "simples e ignorantes", sendo submetidas à Lei do Progresso indefinido. Atingir o alvo da Perfeição, mais ou menos rápido, depende do livre-arbítrio de cada um, isto é, num ato de vontade pela maturidade. Pela unicidade de existência, ensinada pelas religiões dogmáticas, a educação só se realiza numa única e curta trajetória existencial. Pela lógica, é impossível. A grande maioria deixa a Terra, ainda sem qualquer aprimoramento do Espírito. Pela óptica da pluralidade de existência corpórea, ensinada pela Doutrina Espírita, o Espírito reencarna utilizando-se de vários corpos, tantos quantos necessários, acumulando experiências até conquistar a perfeição.

Saliente-se que Jesus – que não é Deus – Buda, Maomé e tantos outros líderes espirituais passaram por várias etapas evolutivas, até atingir elevada condição espiritual; contrariando, portanto, a idéia de que Jesus é um ser privilegiado, tendo saído das mãos do Criador, como filho único e perfeito. Não há exceção na Lei de Deus. Dois terços da Humanidade não seguem o Cristianismo, uns não seguem religião alguma, outros adotam outros líderes e podem ter melhor conduta e alma mais pura do que nós, que nos consideramos cristãos. Deus é a inteligência suprema do Universo e causa primeira de todas as coisas não podendo ser confundido com nenhum ser humano, por mais espiritualizado que seja. A verdadeira religião é a da consciência, onde as Leis de Deus encontram-se gravadas, independente de crença.

A cada nova existência o Espírito educa-se gradativamente, isto é, por esforço próprio desenvolve seu potencial em estado latente. "Cada existência corpórea é para o Espírito uma ocasião de progresso maior ou menor; de volta ao mundo espiritual leva novas idéias, tem mais longo horizonte moral e é dotado das mais delicadas percepções, vê e compreende o que antes não via e nem compreendia".[2]

Para que entendamos o verdadeiro sentido da educação é preciso analisá-la, como algo que depende do esforço de cada um, no burilamento da pedra bruta interior. Educar é trabalho individual, pois, educação, etimologicamente, vem do latim *educere* que quer dizer "tirar de dentro". Ora, do nada não se tira nada. O que desenvolvemos é o que possuímos em estado dormente. Todos os filósofos e educadores concluíram, após séculos de reflexão, que quem se educa é o próprio indivíduo. O verdadeiro educador é aquele que compreende que sua atuação no processo ensino-aprendizagem é o de "incentivador", no sentido de ajudar a criatura a desabrochar suas potencialidades, em estado embrionário; é aquele que estimula essas potências da alma, para que sejam atualizadas em sua plenitude, em consonância à época e a cultura em que o ser está contextualizado.

É nesse sentido que, por extensão, os pais, avós, líderes espirituais, professores etc... devem amadurecer o entendimento sobre educação, respeitando a "prontidão para a mudança" em que se encontra cada ser em seu processo de evolução, para ajudá-lo na "parturição das idéias", utilizando-se do método do filósofo Sócrates na sua *maiêutica* (a arte de partejar). Esse era seu método pedagógico, espelhando-se em sua mãe, que era parteira, ele procurava dar parto às idéias contidas no Espírito de cada um. Este extraordinário pensador já ensinava, por volta do século V, antes de Cristo, que educar é extrair do interior – dar parto – o que cada um tem dentro de si. O juízo que fazemos de tudo que apreciamos fora de nós depende da nossa maturidade interior, já conquistada.

Para servir o próximo temos o mister de educar, primeiramente a nós ou, usando da expressão de Jesus, "ama o teu próximo como a ti mesmo". Ninguém ama ou serve antes sem que desenvolva em si mesmo os gérmens da maturidade, do amor e da educação dos potenciais da alma. Emmanuel[3], Espírito de alta sabedoria, também ensina, neste sentido que: "temos a obrigação de 'educar-nos' com o dever de 'servir'(...)", de tal sorte que este comportamento se automatize, incorporando em nosso ser.

Enquanto a criatura não entender o verdadeiro sentido da vida, que é o de se auto-educar, para ter condição de servir, esforçando-se pela transformação, a sua tendência é "aparentar-se bom socialmente"; é apresentar-se apenas com "aparências" exteriores, sem qualquer mudança interior, enganando-se a si mesmo. Tal comportamento pode levar a pessoa ao risco de uma depressão. Isto é perfeitamente compreensível, pois, neste caso, a criatura deixa de educar o seu "EU", para viver um comportamento irreal. O esforço contínuo em nossa autoeducação – reavaliando valores comportamentais e redirecionando hábitos – é chave para a libertação da consciência.

Atingir o alvo da perfeição, mais ou menos rápido, depende do livre-arbítrio de cada um, isto é, num ato de vontade pela maturidade.

---

[1] XAVIER, Francisco Cândido. *Pensamento e Vida*, pelo Espírito Emmanuel, p. 17.

[2] KARDEC, Allan. *Obras Póstumas*, p. 173.

[3] XAVIER, Francisco Cândido. *Pensamento e Vida*, pelo Espírito Emmanuel, p. 98.

20. Verdadeira felicidade

"(...) somente adotando a bondade e o entendimento (...) é
que refletimos em nós a verdadeira felicidade,
por estar nutrindo o verdadeiro bem".
(XAVIER, Francisco Cândido. Pensamento e Vida,
pelo Espírito Emmanuel, p. 98).

A felicidade é sempre relativa ao grau de desenvolvimento conquistado pela criatura, em seu processo evolutivo. A prática do bem realizado espontaneamente, por força do hábito, é a alegria da alma, em êxtase, pela exteriorização da virtude divina. Esta é meta a ser alcançada por todos os seres – mesmo sem estarem conscientizados de que este é o objetivo da Vida – , cada qual a seu tempo; uns atingem mais rápido o objetivo, outros se perdem pelas ilusões do mundo, retardando mais o seu florescimento.

Criados simples e ingênuos, todos os Espíritos, com o exercício das experiências, viverão, um dia, o verdadeiro bem, que refletirá a felicidade, pois, quando deixarmos o corpo físico somente levaremos, para o Além, o pouco bem que realizamos aqui.

Ao lado do bem material que necessitamos partilhar com os nossos semelhantes, há outro aspecto – o mais importante – que devemos participar: o da educação da alma. Quantos vagueiam extenuantes, mendigando a paz e a tranqüilidade que desconhecem; manifestam a angústia e a tristeza avassaladoras; e suplicam pela compreensão e entendimento que lhes saciem a fome da alma. São dores que atrações exteriores não solucionam. Quando somos capazes de doar recursos próprios para auxiliar os nossos semelhantes, nesse entendimento, encontramos a felicidade no ato de servir, como cantou um dia Gabriela Mistral!

É comum encontrarmos mais carentes da alma do que do corpo. Esta carência não escolhe posição social: ataca rico, pobre, empresário ou empregado. Todos, em determinados momentos da vida, necessitam do ombro amigo, para superar a tristeza que impregna o coração. Este é o ponto crucial, que nem sempre paramos para meditar. Inúmeras pessoas apresentam apenas um verniz da alegria falsa para o consumo exterior, mas, na intimidade a alma grita de dor, que as ilusões dos convites mundanos não resolvem, conforme o velho soneto de Raimundo Corrêa – Dor Secreta...

Para ajudar com bens materiais basta demonstrar a boa vontade com os recursos de que somos portadores. Aliás, podemos auxiliar sem mesmo ter desenvolvido plenamente os nossos valores de espírito. Basta não reter as sobras. Mas, para levantar os caídos, das emoções desequilibradas, é preciso maturidade de Espírito. Quem já despertou essa sensibilidade da alma, no sentido de servir, não necessita ser possuidor dos chamados bens materiais. Basta ter disponibilidade de amor e impulso espontâneo para arrimar os que padecem dos males que marcam o coração.

Encontramos criaturas que demonstram comportamento de perversidade, mas que na realidade escamoteiam as angústias represadas na alma; aguardam, porém, a palavra de entendimento para receber a água viva da vida e mudar o roteiro do comportamento existencial.

Quantas pessoas, possuidoras das vantagens terrenas, que teriam tudo para demonstrar felicidade, são infelizes, por não compreenderem ainda que o importante é "ser" e não "ter". Não se despertaram ainda para o exercício da prática do bem: *"Todo aquele que sabe fazer o bem e não o faz pratica o mal"*.[1]

Encerramos este texto com uma das lindas crônicas,[2] sobre a finalidade da Vida, que meditada com toda alma inspira-nos, na expressão de Emmanuel, a desenvolver o hábito: *"refletirmos em nós a verdadeira felicidade, por estar nutrindo o verdadeiro bem"*.

Ser ou Ter

O nosso corre-corre não nos deixa parar para perceber
se o que já temos já não é o suficiente para nossa vida.
Nos preocupamos muito em TER.
Ter isso, ter aquilo, comprar isso, comprar aquilo.
Os anos passam e, quando nos damos conta,
esquecemos do mais importante da vida:
Viver e Ser Feliz!!
Às vezes, para ser feliz, não precisamos de tanto TER.
Podemos nos dar conta que o mais importante
na vida é SER.
Esse SER, tão esquecido, muitas vezes não é difícil
de se realizar.
As pessoas precisam parar de correr atrás do TER
e começar a correr atrás do SER:
ser amigo, ser amado, ser gente etc.
Tenho certeza de que, quando SOMOS,
somos muito mais felizes do que quando TEMOS
O SER leva uma vida toda para se conseguir,
e o TER, muitas vezes conseguimos logo.
Só que o SER não acaba e nem se perde, mas o TER pode
terminar logo.

O SER, uma vez conseguido, é eterno e o
TER é passageiro e,
mesmo que dure muito tempo, pode não trazer
a felicidade.
Aí vem o vazio da vida das pessoas.
Tente SER e não TER e você sentirá uma
felicidade sem preço.
Espero que você deixe de cobrar o que fez e o que
não fez nesses anos.
Tente o mais importante:
SER FELIZ!!!!
"Você está onde quer estar?
Você está com a pessoa que quer estar?
Você está fazendo o que quer fazer?
Você está querendo o que está fazendo?
Ser feliz é sentir-se bem com você mesmo."

*Quando somos capazes de doar
recursos próprios para auxiliar os
nossos semelhantes, encontramos a
felicidade no ato de servir.*

---

[1] Tiago, 17:4.
[2] Autor desconhecido.

Referências bibliográficas

A BÍBLIA de THOMPSON, *Antigo e Novo Testamento.* 2ª ed. brasileira. Tradução de João Ferreira de Almeida. São Paulo: Editora Vida, 1992.

BACELLI, Carlos Antônio.*Chico Xavier, À Sombra do Abacateiro,* 2ª ed., São Paulo: Ideal, 1987.

BOBERG, José Lázaro. *Nascer de Novo Para Ser Feliz.* 1ª ed., Capivari-SP: EME, 2003.

CIAMPONI, Durval. *Reflexões sobre as bem-aventuranças.* 1ª ed., São Paulo: FEESP, 1991.

CRAIG, A. Evans. Novo Comentário Bíblico Contemporâneo. 1ª ed; São Paulo: VIDA, 1996.

Federação Espírita do Paraná. *Momento Espírita.* Curitiba *site*: www.momento.com.br.

FERREIRA, Aurélio Buarque de Holanda. *Dicionário Aurélio.* www.uol.com.br.

FOELKER, Rita. *Força Interior.* 1ª ed., Capivari: EME, 2002.

KARDEC, Allan. *O Evangelho segundo o Espiritismo*, tradução de J. Herculano Pires. 37ª ed., São Paulo: LAKE, 1990.

_____. *Obras Póstumas*, Tradução de João Teixeira de Paula, Introdução e notas de J. Herculano Pires, 12ª ed., São Paulo: LAKE, 1990.

_____. *O Livro dos Espíritos*, tradução de J. Herculano Pires, 73ª ed., Rio de Janeiro: 1993.

_____. *A Gênese*. Tradução de Victor Tollendal Pacheco. Apresentação e notas de J. Herculano Pires, 20ª Ed., São Paulo: LAKE, 2001.

MENDONÇA, Jerônimo. *Crepúsculo de um Coração*. 1ª ed., São Paulo: Particular, 1986.

MARCONDES, Danilo. *Iniciação à História da Filosofia, dos pré-socráticos a Wuttgenstein*. 4.ª ed. Rio de Janeiro: Jorge Zahar Editor, 1997.

MOUNCE, Robert H. *Novo Comentário Bíblico Contemporâneo*. 1ª ed., São Paulo: Vida, 1996.

PASTORINO, Carlos Torres. *Sabedoria do Evangelho*. 3. vol., Rio de Janeiro: Sabedoria, 1964.

Revista *Veja*. 1731 ed., Rio de Janeiro: Abril, 2003.

ROHDEN, Huberto. *Sabedoria das parábolas*. 5 ª ed., São Paulo: Martin Claret, 1995.

SANTO NETO, Francisco do Espírito. *Renovando atitudes*, pelo Espírito Hammed. 4ª ed., Catanduva-SP: Boa Nova, 1997.

_____. *As Dores da Alma*, 1ª ed, Catanduva-SP: Boa Nova, 1998.

SPENCER, Johnson, M.D. Quem mexeu no meu queijo? Tradução de Maria Clara Biase, 39ª ed. Rio de Janeiro: Record, 2003.

VIEIRA, Waldo. *Conduta Espírita*, pelo Espírito André Luiz. 16ª ed., Rio de Janeiro: FEB, 1993.

XAVIER, Francisco Cândido. *Agenda Cristã*, pelo Espírito Emmanuel. 30ª ed., Rio de Janeiro: FEB, ano 1993.

_____. *Caminho, Verdade e Vida*, pelo Espírito Emmanuel. 15ª ed., Rio de Janeiro: FEB, 1994.

_____. *Fonte Viva*, pelo Espírito Emmanuel. 19ª ed., Rio de Janeiro: FEB, 1994.

_____. *Livro da Esperança*, pelo Espírito Emmanuel. 12ª ed., Uberaba-MG: CEC,1992.

_____. *Nos Domínios da Mediunidade*, pelo Espírito André Luiz, 21ª ed. Rio de Janeiro: FEB, 1993.

_____. *Nosso Lar*, pelo Espírito André Luiz. 27ª ed., Rio de Janeiro: FEB, 1997.

_____. *O Consolador*, pelo Espírito de Emmanuel. 16ª ed., Rio de Janeiro: FEB, 1993.

_____. *Pão Nosso*, pelo Espírito Emmanuel. 16ª ed., Rio de Janeiro: FEB, 1994.

_____ . *Paulo e Estêvão*, pelo Espírito Emmanuel. 27ª ed., Rio de Janeiro: FEB, 1994.

_____ . *Palavras de Vida Eterna*, pelo Espírito Emmanuel. 16ª ed., Uberaba: CEC, 1992.

_____ . *Pensamento e Vida*, pelo Espírito Emmanuel. 27ª ed., Rio de Janeiro: FEB, 2002.

_____ . *Vinha de Luz*, pelo Espírito Emmanuel. 12ª ed., Rio de Janeiro: FEB, 1993.

Do mesmo Autor

Nascer de novo - Para ser Feliz
José Lázaro Boberg – 14x21cm • 208 p.

Um livro especialmente indicado àqueles que desejam viver uma nova proposta de vida, com bom ânimo e com conhecimento de causa (de onde venho, porque estou aqui e qual o destino que estou traçando para meu futuro). O "Nascer de Novo" enfocado de uma maneira animadora, mostrando que todos nós podemos e devemos efetuar esse "renascimento" através de mudanças de atitudes e de comportamento. O livro do Dr. Boberg, com histórias e exemplos práticos, de forma motivadora, auxilia-nos exatamente nisso: analisarmos e percebermos onde se situam nossas dificuldades, para com esse conhecimento empreendermos nossa mudança. Com sua leitura vamos entender melhor a necessidade de **nascer de novo para ser feliz.**

O Poder da Fé
José Lázaro Boberg – 14x21cm • 176 p.

Quando se fala em fé, a primeira coisa que vem à mente das pessoas é a idéia de religião, como se ela tivesse necessariamente de estar vinculada a um determinado tipo de crença.
Até pode estar, mas não como condição obrigatória, pois em essência, a fé encontra-se em estado latente em todas as criaturas.
Assim como o amor – que está em gérmen na nossa intimidade –, a fé precisa, como faculdade da alma, ser desenvolvida pelo esforço pessoal; vale dizer: ela não cresce de forma milagrosa!
É uma conquista de cada um, a ser realizada no longo caminho evolutivo, empregando, para esse objetivo, reflexão e experiência.

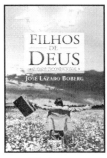

Filhos de Deus - O Amor Incondicional
José Lázaro Boberg – 14x21cm • 176 p.

Este livro surgiu da reflexão sobre o amor incondicional de Deus para com Seus filhos. Nele procuramos entender Sua didática no processo de crescimento de todas as criaturas, sem os dogmas do castigo, do céu ou inferno exteriores.
Lendo a história do Filho Pródigo, sob a ótica da reencarnação, percebemos a profundidade da mensagem. O jovem saiu de casa e, após muitos erros caiu em si e resolveu voltar para casa. Não importa qual seja o erro cometido, a apoteose de toda epopéia pessoal de cada Espírito é o retorno à Casa de Deus. Assim sendo, para atingir esse patamar de perfeição, dispõem os Espíritos de tantas oportunidades quantas forem necessárias.

Conheça também

A Cada Conto um Ponto
Isabel Scoqui – 14x21cm • 144 p.

São contos interessantes que encantam os leitores, escritos em linguagem clara, precisa e bem cuidada. Revelam fatos vivenciados por personagens que, não raramente, aparecem em nosso caminho, presentes nas experiências de vida e nos relacionamentos do cotidiano. A par das narrativas (contos), a autora traz colocações (os pontos) das obras básicas de Allan Kardec e outras complementares sobre o tema exposto. São explicações claras e didáticas, que atendem tanto aos principiantes nos estudos da Doutrina quanto aqueles que desejam refletir e sedimentar seus conhecimentos da Codificação Kardequiana. Aprender Kardec através destes contos é uma experiência agradável. Temos certeza de que muitos fatos permanecerão fixados na memória; alguns jamais sairão de nossa mente.

DEPRESSÃO – Doença da Alma
As causas espirituais da depressão
Francisco Cajazeiras – 14x21 cm • 128 p.

Quatrocentos milhões de pessoas no mundo sofrem de depressão, apontam as estatísticas. O que é a depressão? Como diagnosticar o mal? Quais as perspectivas futuras? Quais as possibilidades terapêuticas? É possível preveni-la?
Neste livro, o médico Francisco Cajazeiras procura responder a essas perguntas e esclarecer dúvidas sobre a doença, mergulhando nas suas causas mais profundas – as espirituais –, sem misticismo e sem apelar para o sobrenatural, senão para a lógica e o raciocínio.

Aves Peregrinas
Graça Leão – 14x21cm • 256 p.

Aves Peregrinas nos revela, pela sensibilidade mediúnica de Graça Leão, a história de Sebastião, um sertanejo nordestino que migra para o Sul, em busca de melhor sorte. Nascido frágil e enfrentando duras dificuldades na sua jornada de migrante, Sebastião consegue, com muita obstinação, atingir uma bem-sucedida posição como empresário. Entretanto, é o próprio Sebastião, em Espírito, que nos vem relatar as grandes lições que recolheu nessa existência, no cumprimento de provas que lhe estavam destinadas como resultado da Lei de Causa e Efeito, da qual ninguém pode eximir-se. Além da cativante narrativa, a obra oferece, ao leitor, conforto espiritual e conhecimentos que renovam a alma, assim como a chuva lava o solo ressequido e devolve a esperança ao coração sertanejo.

Educação Espírita de nossos Filhos
Geziel Andrade – 14x21cm • 248 p.

Mais que um livro, este é um guia prático para a educação dos nossos filhos, não apenas de infante, mas do adolescente, do universitário e do adulto; poderíamos dizer até ser esta uma obra para a educação do Espírito. Geziel Andrade posiciona-se como pai e pesquisador consciencioso que busca o saber, as orientações e as experiências educativas de inúmeros autores consagrados, encarnados ou não. Tudo baseado em Kardec, um educador emérito. Recomendável para pais, evangelizadores, professores, educadores e aos jovens também. Uma obra imprescindível em qualquer biblioteca.

Conheça também

Sem Nunca Dizer Adeus
Pedro Santiago/Espírito Dizzi Akibah – 14x21 cm • 256 p.

Romance baseado na encarnação do Espírito Ette Lavoisier na França, meados do século XIX, na mesma época em que Kardec codificava a Doutrina Espírita.
Narra as aventuras dessa personagem em sua infância, adolescência e juventude, na tentativa de reencontrar o pai, que desaparecera enquanto comandante do Exército francês.
Ette sempre se mostrou amadurecida, desenvolta e com inteligência superior à idade cronológica. E, corajosa, não se deixou intimidar pelos desafios da vida e das personagens poderosas ou humildes (até o Papa Pio IX dela recebeu, em mãos, um exemplar de *O Livro dos Espíritos*), encarnados ou desencarnados, com quem se deparou.

Felizes para sempre
Jamiro dos Santos Filho – 14x21cm • 160 p.

A felicidade não é apenas um conceito vago, mas algo tangível e resultante de atividade cerebral que pode ser vista e até medida, de acordo com neurologistas entrevistados para o programa A Fórmula da Felicidade, exibido pela BBC na Grã-Bretanha. Pois bem, em dez capítulos, *Felizes para Sempre* procura desvendar esse grande enigma - o da felicidade -, que os homens teimam, em vão, buscar fora de si mesmos. Aqui, o escritor, assessorado por uma bibliografia admirável - *Sinal Verde, Estude e Vida, Vida e Sexo, Na era do Espírito*, entre outras belas obras do acervo espírita -, faz uma análise psicológica dos cônjuges diante de uma eventual crise financeira, diante de filhos-problema, diante do esposo tirano e autoritário ou da esposa intransigente... Aborda, ainda, questões de relacionamentos conjugais, como afinidades e supostas "almas gêmeas", intimidade, parentes, o exercício sublime do perdão, atritos e discussões por questões de religião ou por causa de vícios dos parceiros. Sem dúvida, nesta obra, Jamiro destampa o baú de um pequeno tesouro, de onde o leitor poderá extrair pérolas valiosas para a conquista da paz e felicidade no lar.

Marechal Ewerton Quadros
Eduardo Carvalho Monteiro – 14x21cm • 190 p.

Muitos são os que não sabem quem foi o Marechal Ewerton Quadros. No entanto, a falta de reconhecimento à menção de seu nome em nada diminui a importância de seu trabalho na seara espírita. Primeiro presidente da Federação Espírita (FEB), participou ativamente de sua fundação. Sua história de vida confunde-se com a dos primórdios do Espiritismo no Brasil. Dotado de grande sensibilidade mediúnica, presenciou inúmeras manifestações do Plano Espiritual, relatadas em periódicos da época, os quais foram transcritos nesta obra. Este livro ainda contém textos de sua autoria e por ele psicografados, dando mostras da dedicação absoluta do Marechal Quadros à causa espírita. Destinado a ocupar lugar de destaque entre obras sobre o início da Doutrina no Brasil, *Marechal Ewerton Quadros* é mais um fruto do criterioso trabalho de Eduardo Carvalho Monteiro, incansável pesquisador da história do Espiritismo, com o qual o Movimento Espírita brasileiro se enriquece.

Conheça também

Na cura da Alma
Lúcia Cominatto – 14x21cm • 208 p.

Em *Na cura da Alma*, o Espírito Irmã Maria do Rosário, através da médium Lúcia Cominatto, nos presenteia com mensagens que enchem nossos corações de fé, amor, coragem, paz e esperança. Envoltos pelos problemas da vida cotidiana, muitas vezes não vemos saída para as situações em que nos encontramos. Desesperados esquecemos de elevar o pensamento a Deus e confiar em Seus Desígnios.

Obrigado, Maria!
Wanda A. Canutti – 14x21cm • 248 p.

Somente grandes almas são capazes de grandes gestos. Apenas a fé e a crença em um Deus justo e misericordioso conseguem transformar as criaturas, dando-lhes força moral suficiente para enfrentar com dignidade e resignação as provas de uma encarnação cheia de dissabores e sofrimentos.

Maria foi essa alma doce, que, apesar de todos os reveses. manteve-se firme e serena, legando-nos uma história verdadeira, pontilhada de bons exemplos, nos quais poderemos nos inspirar para a aceitação dos nossos próprios problemas nesta escola chamada Terra.

Sempre Existirá Esperança – Histórias e Lições
Ricardo Orestes Forni – 14x21 cm • 192 p.

O médico Ricardo Orestes Forni, autor de quatro romances de grande sucesso, traz agora para seus leitores seu segundo livro de contos, que tocando-nos a emoção com histórias simples, tiradas do dia-a-dia, eleva nosso espírito propiciando nossa melhora interior.

Sempre Existirá Esperança é um livro que deve ser lido por jovens e adultos que sonham com um mundo de paz.

Doenças, Cura e Saúde à Luz do Espiritismo
Geziel Andrade – 14x21cm • 128 p.

Livro com orientações sobre: Os corpos espiritual e físico e as doenças; Doenças originárias do corpo espiritual; Características e poderes do perispírito para originar doenças; Ç perispírito e a organização biológica etc.

Getúlio Vargas em dois mundos
Wanda A. Canutti (Espírito Eça de Queirós)
Biografia romanceada vivida em dois mundos – 14x21 cm • 296 p.

Uma obra que percorre importantes e polêmicos fatos da História, da época em que Vargas foi presidente do Brasil. Descreve também, seu retorno ao plano espiritual pelas portas do suicídio. Ditada pelo Espírito Eça de Queirós, a obra surpreenderá o leitor mais familiarizado com a extensa obra deixada pelo grande Eça há mais de um século.

Não encontrando os livros da EME na livraria de sua preferência,
solicite o endereço de nosso distribuidor mais próximo de você através do
Fone/Fax: (19) 3491-7000 / 3491-5603.
E-mail: atendimento@editoraeme.com.br – Site:www.editoraeme.com.br